Claus Stephani:

Frauen im Wassertal

Lebensprotokolle aus Ostmarmatien

Rumäniendeutsche Frauen erzählen

Deutscher
Taschenbuch
Verlag

dtv

Dieses Buch erschien zuerst 1986 in Bukarest im Verlag Dacia, ebenfalls in deutscher Sprache, unter dem Titel ›Wie das Wiesengras im Wind. Frauenschicksale – Protokolle‹.

1. Auflage März 1990

Umschlaggestaltung: Celestino Piatti
Gesamtherstellung: C.H. Beck'sche Buchdruckerei, Nördlingen
Printed in Germany · ISBN 3-423-11255-7
1 2 3 4 5 6 · 95 94 93 92 91 90

Das Buch

»Ich hab keine Schule besucht. Ich hab einmal eine Zeitung gesehen, und ich kann mir nicht denken, wie die Menschen das machen, daß sie so viele kleine runde Strichlein hintereinander tun und dann daraus etwas verstehen; das muß ganz seltsam sein, wenn jemand aus so einer Sache klug wird. Mir hat niemals jemand etwas geschrieben, ich hätte es ja auch nicht verstehen können ...« Marie Bohnyirsky ist, als sie dies erzählt, dreiundzwanzig Jahre alt und lebt im Wassertal, das in Rumänien liegt, jenseits der Karpaten. Sie gehört zu den Zipser Sachsen, einer deutschsprachigen Bevölkerungsgruppe. Der rumäniendeutsche Schriftsteller Claus Stephani hat zwischen 1972 und 1985 Lebensprotokolle von Zipser Frauen aufgenommen – von Frauen, die zum großen Teil noch heute am Rande der Welt leben. In einer kargen, fast poetischen Sprache erzählen sie von ihrer Welt, in der die Zeit stehengeblieben zu sein scheint, von Volksglauben und Sitten, die auch im 20. Jahrhundert nichts von ihrer Bedeutung eingebüßt haben, aber auch von der Zeit des Nationalsozialismus, als die Deutschstämmigen in den Karpaten »völkisch erfaßt« wurden und plötzlich »die Welt von draußen« in jenen vergessenen Winkel eindrang. Entstanden sind Lebensbilder von eigentümlicher Vertrautheit, die ein Stück europäische Geschichte transparent machen.

Der Autor

Claus Stephani, am 25. Juli 1938 in Kronstadt/Siebenbürgen geboren, studierte Germanistik und Zeitungswissenschaften in Bukarest und hat sich intensiv mit Geschichte, Kunst und Mythologie der rumänischen Bevölkerungsgruppen befaßt. Er erhielt drei rumänische Schriftstellerpreise. In deutscher Sprache sind u. a. erschienen: ›Zipser Ssangl aus dem Wischauer Land und der Südbukowina‹ (1981), ›Jüdische Hirtengeschichten aus dem Wischauer Land‹ (1982). ›Volkserzählungen der Zipser in Nordrumänien‹ (1983).

Inhalt

Vorbemerkung

Jenseits der rumänischen Waldkarpaten, wo einst Graf Dracula als »weißer Reiter« den Hirtenmädchen nachstellte, beginnt Marmatien, die Maramuresch; und weiter im Osten, umgeben von dicht bewaldeten Bergen, zwischen den Flüssen Wischau, Theiß und Wasser liegt das Wischauer Land, *Țara Vişeului;* in einem Winkel aber, wo die Gebirge so eng zusammenrücken, daß man manchmal kaum noch den Himmel sehen kann, verbirgt sich – einsam und unbeachtet – das Wassertal, *Valea Vasărului;* und im Wassertal, in der Stadt Oberwischau, *Vişeu de Sus,* wohnen die Zipser Sachsen, eine deutschsprachige Bevölkerungsgruppe.

Die rauhe, reizvolle Gegend ist altes Hirten- und Bauernland, und die Bewohner – Rumänen, Ruthenen, Zipser und Juden – züchteten einst Schafe, bestellten ihre Bergfelder, waren Handwerker oder arbeiteten im Holzschlag.

Früher hieß es, dort sei das Ende der Welt, und um in dieses gottvergessene Gebiet zu gelangen, mußte man über die Berge steigen, auf Wegen, die vom Norden Transsylvaniens herführten – durch dunkle Wälder, in denen »edle Räuber«, Heiducken, doch auch gemeine Wegelagerer lebten. Und so kam selten jemand zu den Zipsern ins ferne Wassertal, und kaum ein Zipser verließ je die Umgebung von Oberwischau, die vielen Weiler und Streusiedlungen, die sich bis auf zweitausend Meter Höhe hinziehen.

Man lebte in einer kleinen »heilen« Welt, dessen Mittelpunkt man war. »Die Welt« sah man nur vom eigenen Wohnort aus – und meist war das nicht viel mehr als ein Blick über den Gartenzaun; was sich jenseits der Berge verbarg, schien fremd und unheimlich, und wurde nicht ins *imago mundi,* ins Weltbild, einbezogen.

Die Menschen im Wassertal trugen ihr Schicksal als etwas, das ihnen »von Gott gegeben« war, getreu dem Volksspruch: Wånn tås Laad is vorbei, is auch tås Lebn zu End – wenn das Leid endet, endet auch das Leben.

Und wer niemals das Tal verlassen hatte, vermutete nur, daß jenseits der Wälder eine ungewisse, bedrohliche Ferne liege.

Wie kamen die Zipser, die deutschsprachigen Holzfäller, Flößer, Handwerker und Waldheger in diese abgelegene Gegend, wo außer ihnen rumänische und ruthenische Hirten und jüdische Handwerker und Bauern lebten? Und warum zogen sie nicht weiter südwärts nach Transsylvanien (Siebenbürgen) oder ins Banat, wo es größere deutsche Bevölkerungsgruppen, Sachsen und Schwaben, gab?

Die Zips, das Herkunftsgebiet der Zipser, gehörte bis 1918 zu Oberungarn und wurde dann ein Teil der heutigen Tschechoslowakei. Hier waren im 12. Jahrhundert zahlreiche süddeutsche Einwanderer, die man später »Zipser Sachsen« nannte, angesiedelt worden; sie gründeten Städte und Dörfer, erhielten von den ungarischen Königen eine Reihe von Privilegien, wodurch Handwerk, Handel, Kunst und Bergbau aufblühten.

Dieses Gebiet umfaßte bis zur Vertreibung der deutschen Bevölkerung, 1944/45, zwei große Siedlungseinheiten: die Oberzips, mit einem wohlhabenden Bürger- und Handwerksstand – unter anderem in den Städten Käsmark, Leutschau, Kaschau, Rosenau, Dobschau, Altlublau – und die Unterzips, das sogenannte Gründler Land, wo die Bergbaustädte Göllnitz, Schmöllnitz, Stooß, Königsberg, Joßau, Metzenseifen, Karpfen, Altsohl liegen. Die Bevölkerung dort hatte immer wieder mit wirtschaftlichen und sozialen Problemen zu kämpfen.

Aus dem Gründler Land aber, dem im 18. Jahrhundert verarmten und übervölkerten Bergbaugebiet, wurden ab 1776 von der ungarischen Verwaltung deutsche Gastarbeiter angeworben: Sie sollten in den fernen Wäldern Marmatiens, der Maramuresch, »eyn gar wildes Thal« erschließen, wie es in einer zeitgenössischen Chronik heißt. Den Fluß in diesem Tal nannten die Einwanderer Wasser – nach dem Weißen Wasser in der Hohen Tatra –, daher die rumänische Bezeichnung Vasărul. So zogen zwischen 1776 und 1812 Holzfäller, Flößer, Handwerker und verschiedene Facharbeiter, manche mit ihren Familien, in die dunklen Wälder Marmatiens, wo sie im Laufe der Zeit neben dem Hauptort Oberwischau noch etwa zwanzig Weiler gründeten.

Eineinhalb Jahrhunderte hindurch waren dann die Zipser im abgelegenen Wassertal ihrem Schicksal überlassen, sie hatten keinen Kontakt zu den Sachsen in Transsylvanien und schon gar nicht zu den fern im Süden des Landes siedelnden Banater Schwaben.

Erst in der Zeit des Nationalsozialismus begann die sogenannte »Deutsche Volksgruppe in Rumänien« sich auf ihre Art auch um diese Deutschstämmigen in den Karpaten zu kümmern. Sie wurden als ein Glied der großdeutschen Gemeinschaft »völkisch erfaßt«, wie es in der damaligen Politsprache hieß, und mußten sehr bald ihr neuerworbenes Deutschtum teuer bezahlen. Um ihre »völkische Zugehörigkeit« zu bekräftigen, zogen die Männer – ob sie nun mit dem Nachnamen Zeppelzauer, Schkurka, Smeretschuk oder Zawatzky hießen – zur Waffen-SS, und ein großer Teil von ihnen endete in den endlosen Schützengräben der Ostfront. Die, die mit dem Leben davongekommen waren, mußten 1944 beim Heranrücken der sowjetischen Truppen flüchten, und diejenigen von ihnen, die nach Kriegsende zurückkehrten, wurden »zur Aufbauarbeit« in die Sowjetunion deportiert.

Im Jahr 1940 lebten im Wassertal etwa 3000 Rumänen und Ruthenen, 5000 Deutsche und 5000 Juden. Nach dem Zweiten Weltkrieg gab es 1956 noch 2200 Deutsche, und kaum ein Zehntel der jüdischen Bevölkerung hatte den Holocaust – Nagykanizsa und Auschwitz-Birkenau – überlebt.

Ende der vierziger Jahre – nach Ausrufung der Rumänischen Volksrepublik, 1947, und nach Durchführung der Schulreform, 1949 – versuchten dann jene, die Kriegswirren, Flucht und Deportation überlebt hatten, sich im geschützten Tal wieder einzurichten; doch die Zeiten hatten sich geändert ... Die Welt von draußen, die man bis zum Einbruch des Faschismus nicht gekannt und darum gefürchtet hatte, war in diese scheinbare Idylle eingedrungen, freilich, nun trug sie die Züge sozialistischer Umgestaltung: Durch den Bau der Bahnlinie Salva-Oberwischau, 1948, wurde dieses Gebiet wirtschaftlich an die übrigen Landesteile angeschlossen. Hinzu kamen Modernisierung und Industrialisierung der Holzverarbeitung, Zuzug fremder Arbeitskräfte und Abwanderung der alteingesessenen Bevölkerungsgruppen – besonders der deutschstämmigen Zipser Sachsen nach Siebenbürgen und in den letzten Jahren in die Bundesrepublik Deutschland.

In den nachfolgenden Protokollen, aufgenommen zwischen 1972–1985, berichten Zipser Frauen aus dem Wassertal über Begebenheiten aus ihrer Lebenswelt. Die Texte, auf Tonband gesprochen und vom Herausgeber in die deutsche Umgangssprache übertragen, sind lebensgeschichtliche Zeugnisse, die vertraulich und unbefangen mitgeteilt wurden, subjektiv orientiert und ohne Distanz der Erzählerinnen zum Erlebten.

Vermutlich ist das Leben tatsächlich so verlaufen, wie in den Protokollen berichtet wird. Gleichzeitig ist die narrative Tätigkeit dieser Frauen – wie auch sonst bei isoliert lebenden Bergbewohnern – eine Lebensform, zu der das drängende Bedürfnis, *auch* eine Biographie zu haben, hinzukommt, um so aus der Anonymität des Individuums herauszutreten. Das Geschichtenerzählen und das Verhältnis Erzähler-Zuhörer sind somit wichtige Aspekte der Lebensexistenz und -praxis dieser Menschen. Die Begebenheiten, Eindrücke, Erlebnisse und Erfahrungen, die so vermittelt werden, verschaffen dem Erzähler eine Art »Erleichterung«, *man redt ßich frei vun awos,* das heißt: man »befreit« sich durch die Erzählung von etwas, das einen belastet oder bedrückt, das man mit sich herumträgt; die mögliche Erzählbarkeit des Erlebten aber hilft einem weiter, und so werden auch Schwierigkeiten, wie Selbstthematisierung und die Scheu, eigene Lebenspraxis, -intimität, -bewältigung und Traditionswissen preiszugeben, *erzählend* überwunden. Die Voraussetzung dazu ist, auch in einer von Hektik und Terminen gezeichneten Zeit, der Zuhörer, der geduldige Zuhörer.

Bei der Wiedergabe der Protokolle wurden Erzählweise und verschiedene charakteristische sprachliche Ausdrücke beibehalten. Wo das a mit einem Ringelchen versehen wurde – å –, handelt es sich um einen halboffenen

Vokal zwischen a und o. Wo es notwendig schien, kamen aus anderen Quellen dokumentarische Ergänzungen hinzu; sie sind durch Kursivschrift gekennzeichnet.

Dem Leser öffnet sich so eine Welt, die vielleicht auch heute noch in mancher Hinsicht »jenseits der Wälder« liegt; er erfährt zum Beispiel, welche Gedanken eine Frau am Ende ihres Lebens beschäftigen, wenn sie sagt: »Aber kann man jetzt ruhig sterben? Man kann es nicht! Immer noch hat man Sorgen mit der Wirtschaft.«

Inzwischen ist Anna Maria Holzberger im Herbst 1972, sechs Monate nach ihrem hundertsten Geburtstag, gestorben. Marie Bohnyirsky-Prad, »die Hexe vom Schlangenberg«, hat ihre beiden Kinder, Joku und Bebu, in die Bundesrepublik Deutschland geholt; sie sind aus dem Blickfeld des Herausgebers gerückt und dürften heute, als Deutschstämmige aus den rumänischen Waldkarpaten, mit zeitspezifischen Schwierigkeiten konfrontiert sein.

Ja, Elisabeth Himmelbaur, »dem Rachowaner seine Ließku«, hat ebenfalls Antrag auf Ausreise gestellt, nachdem ihr Mann von einem Besuch im westlichen Teil Deutschlands nicht mehr zurückgekehrt ist und als Volksdeutscher eingebürgert wurde. Sie fürchtet sich jedoch sehr vor dem Tag, an dem sie mit ihren beiden Söhnen in den Zug steigen wird, um ins fremde ferne deutsche Land zu fahren, wo man auf Deutsche wie sie herabsieht. Sie hofft, daß die Enkelkinder – und wie jede Zipserin kann sie sich ein Leben als alte Frau ohne Enkelkinder nicht vorstellen – dann sicher »echte Deutsche« sein werden, denen niemand mehr anmerkt, von wo ihre Eltern einst zugereist sind.

Sonst hat sich im Leben der Frauen, die hier zu Wort kommen, kaum etwas geändert.

Diese Protokolle gehören zur *memory culture* und *oral history,* und sie führen unmittelbar in die reale Welt kleiner Leute, in die Welt der »Namenlosen«, in einen schwer zugänglichen Lebensraum, der irgendwo am Rande des »großen« Weltgeschehens liegt.

Bukarest, im Oktober 1989 Claus Stephani

Ich hab keine Zeit nicht mehr
(Anna Maria Holzberger)

Am 23. März 1972 hab ich meinen hundertsten Geburtstag gefeiert.

Ja, da war das Haus voller Gäste; das heißt, sie hatten nicht alle Platz in der Stube, und die meisten saßen draußen im Hof, obwohl es ein bißchen kühl war, doch im Sonnenschein war es auch im Hof schön.

Sie fragen, wie man sich fühlt, wenn man die Hundert überschritten hat?

Wie soll man sich fühlen? Genau wie bei neunzig oder fünfundachtzig, aber nicht mehr so gut wie bei siebzig.

Als ich siebzig war, mein Gott, da hab ich noch die Krumpirnsäcke* allein in den Keller getragen. Jetzt geht das schon nicht mehr ...

Aber sonst bin ich noch gesund, die Zeitung ›Neuer Weg‹ les ich ohne Brille, und manchmal sag ich mir, wenn ich noch lang leb, werd ich wieder kurzsichtig wie mit vierzig, fünfzig. Den Garten hinter dem Haus besorg ich immer noch allein, weil mir niemand helfen will. Die jungen Leut von heute, die haben anderes im Sinn, als Gemüse ziehen.

Also ehrlich, mir fehlt nichts – nur das Kreuz macht mir manchmal zu schaffen: Wenn ich Krumpirn gehackt hab, dann gehts ruck-ruck nur ganz langsam hoch, erst nach ein paar Minuten kann ich wieder grad stehn.

Wer die vielen Leut waren, die mich am Hundertsten besucht haben?

Da waren einmal meine sieben Kinder: Franz, einundachtzig, Johann, neunundsiebzig, Martin, siebenundsiebzig, Anton, sechsundsiebzig, Julius, fünfundsiebzig, Therese, dreiundsiebzig, und Anna, zweiundsiebzig; gefehlt hat der Stefan, der ist vor drei Jahren gestorben, heute wäre er vierundsiebzig.

Die Söhne hatten ihre Frauen, manche die zweite, dritte

* Für die deutsche Bedeutung der wichtigsten Ausdrücke sowie für geographische Erläuterungen siehe das Glossar auf Seite 146.

oder vierte Ehefrau mitgebracht, das heißt meine Schwiegertöchter, dann die Enkelkinder, Ur- und Ururenkelkinder. Also von denen weiß ich nicht mehr die Namen.

Ich hab immer nur gefracht: Von welchem bist?

Dann hat der Kleine geantwortet: Vom Joku-Großvater dem Franzi seiner. Dann hab ich immer gedacht: Ist das nun einer vom Franzi dem Martin seiner oder vom Franzi dem Toni seiner? Aber herausfinden hab ich es nicht können.

Na ja, sie sind alle gleich lieb gewesen.

Es waren so um die dreißig Kinder da, einige haben auch madjarisch oder rumänisch gesprochen. Das hat mich gewundert: Sind die jetzt auch von mir? Vielleicht waren sie von den Töchtern des Tonku vom Emu dem Joku seiner; die sind so ein bißchen gemengt, weil schon die erste Frau vom Joku eine Madjarin aus Rohnen war, die zweite, die er dann als Witwer geheiratet hat, war eine Zipserin, die dritte – als geschiedener Mann – eine Deutsche; die arme ist aber bald gestorben, und so hat er noch einmal mit fünfundfünfzig geheiratet, und diese vierte Frau ist wieder eine Zipserin.

Aber Kinder gemacht hat er nur mit der Madjarin: sechs im ganzen, zwei sind gestorben, als sie noch klein waren, geblieben sind vier, die später geheiratet haben und so weiter ...

Von wem aber die zwei Kleinen waren, die Rumänisch gesprochen haben, kann ich mir nicht denken. Möglich auch aus der Richtung vom Joku. Denn wer einmal zum Nachbarn seinen Marln geht, der geht halt immer wieder hin, und der Apfel fällt nicht weit vom Baum, und die Katzerl von der Katz fressen auch nur Mäuserl und nicht Halupzi.

Was soll ich noch sagen?

Es waren aber nicht alle Urenkel und Ururenkelchen da, denn einige sind in der Stadt auf der Schule, und die konnten nicht kommen.

Und der Stefan, mein kleinster Bub, der hat auch gefehlt; ja, der ist tot. Und die Männer von der Reßku und Annusch sind auch schon gestorben. Die jüngeren sterben, und ich werd alt ...

An meinem Geburtstag hab ich dem Julius gesagt:

Gjulku, du bist fünfundsiebzig und der jüngste, drei Frauen hast du, mein armer Bub, verloren. Jetzt mußt es mit Gottes Hilfe noch einmal versuchen. Gjulku, mein Wunsch ist, du sollst wieder heiraten.

Da haben die anderen gelacht und Witze gemacht: Na, wo ist ein schönes Marl für den Gjulku?

Aber ich hab nicht gespaßt: Das ist kein Spruch nicht! hab ich gerufen (so laut ich noch rufen kann, denn es waren ja so viele Leut da), der jüngste nach Stefan ist Gjulku, und es muß jetzt eine Frau her, die arbeiten kann, denn ich hab es satt. Mit Hundert darf man auch ausruhen, mit Hundert am Puckl muß man nicht mehr für andere schuften!

Da waren sie alle sehr still.

Und der Franzku, der älteste, der einundachtzig ist, hat gesagt: Wenn die Mama will, daß der Gjulku noch einmal heiratet, so wird er noch einmal heiraten und damit basta!

Julius, der zweitjüngste Sohn der Anna Maria Holzberger, wohnt seit etwa zehn Jahren bei der Mutter, nachdem seine dritte Frau, Luise Babjartschik, an Krebs gestorben ist. Seine Kinder und deren Kinder und Kindeskinder leben ebenfalls in der Kleinstadt, doch hat jede Familie ihr eigenes Häuschen. Nach dem plötzlichen Tod der dritten Frau überließ Julius sein Haus einem Enkelsohn, der kurz vorher geheiratet hatte, und übersiedelte zur Mutter, die nach dem vierten Mann Witwe geblieben war. Julius, still und fleißig, von Beruf Tischler, hielt Haus und Hof instand, während die Mutter sich um Küche und Garten kümmerte.

Gjulku, mein Bub, hab ich ihm gesagt, du mußt mich verstehn, ich kann nicht mehr auch Krumpirn hacken, auch kochen, auch die Hühner füttern, auch waschen ... Jetzt muß eine neue Frau her!

Aber Mama, hat er wieder protestiert, ich will nicht noch einmal heiraten! Wenn ich eine Frau herbring, damit sie Euch hilft, ist das auch nicht genug?

Ich brauche keine fremde Frau auf meinem Hof, ich will keine Magd hier haben! Eine Schwiegertochter ja, eine Magd nicht!

Da hat der Franzku wieder gesprochen: Bist ein rechter Holzkopf, Gjulku, hat er ihm gesagt, nicht umsonst heißt

Holzberger. Hast noch nicht kapiert, daß die Mama eine Tochter am Hof haben will und nicht eine fremde Schlampen?

Der Gjulku hat jetzt nichts mehr sagen können, er hat sich ein bißchen besoffen, aber das hab nur ich bemerkt, weil die anderen sich unterhalten haben, und er hat mir ein wenig leidgetan.

Am nächsten Tag hab ich ihm gesagt: Gjulku, die Witwe vom Kubusch-Seppi, die Lisi Jachmannowsky, so bei sechzig, ist eine Fesche. Ich mein, die sollst mir auf den Hof bringen.

Ist sie nicht ein bißchen zu dünn, Mama? hat er gefragt.

Willst haben eine Dicke, Bub? Lang herumsuchen kannst auch nicht, die ist gerade gut, und arbeiten kann die auch, sag ich dir. Ich hab herumgehorcht, die Frau ist sauber und fleißig.

Der Gjulku, der Schlaue, hat dann ja gesagt und hat gemeint: Im Herbst wird die Hochzeit sein.

Kein Herbst und keine Hochzeit, nächste Woche geht ihr zum Bürgermeister und kommt mir als getraute Eheleute ins Haus. Ich back einen Kuchen, und dazu gibts ein Flascherl alten Schnaps für das junge Paar. Mehr ist nicht dabei!

Seit einem halben Jahr ist die Lisi hier, und ich bin zufrieden, die Ehe ist gut, aber arbeiten muß ich immer noch ...

Anna Maria Holzberger wurde am 23. März 1872 als drittes Kind des Tischlermeisters Anton Hansky und der Josepha, Tochter des Alois Sedlak, in Birkendorf in der Karpatenukraine geboren. Birkendorf gehörte damals zu den Besitzungen des Grafen Schönborn-Buchheim, die seine Vorfahren 1726 von Karl VI. als Lehen erhalten hatten. 1726 brachte der Graf die ersten deutschen Handwerker und Bauern ins Land, und so entstanden zwischen 1728 und 1748 in der Umgebung der Burg Palanok die Ortschaften Oberschönborn, Unterschönborn, Pausching, Birkendorf und Bartdorf.

In der zweiten Hälfte des 18. Jahrhunderts wurden zwei weitere deutsche Siedlungen, Deutsch-Kutscherau und Mädchendorf (beide um 1763) gegründet. Oberschönborn, Unterschönborn, Pausching und Birkendorf waren bis 1914 vorwiegend von Deutschen – Zipsern und Böhmen – bewohnt.

Die Vorfahren der Zipser wanderten zu Beginn des 19. Jahrhunderts ein und errichteten Sophiendorf (1805) und Friedrichsdorf (1807); Sophiendorf war zuerst eine Bauernsiedlung, während Friedrichsdorf als Bergarbeiterkolonie entstanden ist.

Als ich auf die Welt kam, war meine Mutter etwa einundzwanzig; sie hatte sehr jung geheiratet. Vater war auch nur etwa fünfundzwanzig – das hab ich mir nachher ausgerechnet. Ich war das dritte Kind.

Nach mir brachte meine Mutter dann noch vier Kinder auf die Welt; zwei starben bald nach der Geburt, eine Schwester starb noch vor dem Jahr 1900, und so blieben wir vier Geschwister ... Heut aber bin ich allein, alle anderen, die größeren und auch mein kleiner Bruder Seppi sind längst tot.

Die Kindheit hab ich in Birkendorf verbracht, wo ich auch zwei Jahre zur Schule gegangen bin. Was ich später im Leben gelernt hab, das weiß ich vom Pfarrer Kirchmajer, der hat uns in Religion unterrichtet, gefirmt und lesen und schreiben gelehrt.

Vater war selten zu Haus, als Tischlermeister ging er auf die umliegenden Dörfer zu den Bauern arbeiten: nach Oberschönborn, Pausching, Bartdorf, bis hinunter ins Theresiental nach Deutsch-Mokra und Königsfeld, wo auch viele Deutsche lebten.

Eines Tages, ich war etwa zehn Jahre alt, packten wir unsere Sachen zusammen und zogen hinunter über Woditz nach Rauhau an der Theiß. Das Haus in Birkendorf gehörte ja nicht uns, sondern dem Grafen Schönborn, und viel mitzunehmen hatten wir auch nicht. Unser ganzes Hab und Gut hatte Platz auf einem Handwagerl, das Vater gezimmert hatte. Oben drauf setzte er die kleinsten Kinder, die anderen gingen zu Fuß nebenher, und so wanderten wir immer nach Süden, zum Theißtal, wo die Zipser Dörfer liegen.

In der Nacht schliefen wir auf den Wiesen, es war ja Sommer, und Vater machte immer ein kleines Feuerchen, und Mutter kochte Petura mit Brinsn.

An einem Tag kamen wir in Rauhau an, und Vater ging

sogleich zum königlichen Oberförster, um sich zu melden. Der Oberförster – ich weiß nicht mehr, wie er geheißen hat – war auch ein Deutscher (in Rauhau lebten damals fast nur Zipser), und er stellte Vater im Holzverarbeitungsbetrieb an.

In Rauhau blieben wir so etwa fünf Jahre. Es war eine schöne Zeit, denn der Ort war größer als Birkendorf, und die Menschen feierten noch nach altem Brauch die Kerwei und andere Feste. Es gab Musik und viel Spaß, und wir Kinder durften beim Tanz zusehen.

Das größte Erlebnis meiner Kindheit und Jugend war ein polnischer Zirkus, der sich einmal auch nach Rauhau verirrt hatte. Auch heute noch, nach bald fünfundachtzig Jahren, erinner ich mich ganz genau an das Zirkusprogramm, denn ich hab mir die Vorstellung jeden Abend angesehen, ohne einen Kreuzer zu zahlen – versteht sich. Wir Kinder hatten im Zelt ein Loch entdeckt, und dort schlüpften wir hinein.

Es gab da einen Tanzbärn, eine Reiterin, die auf dem Pferd stehen konnte, einen sehr starken Mann, der Ketten zerriß und sogar einen Affen, der wie ein kleiner Herr gekleidet war. Ich hab nachher in meinem Leben nie mehr etwas Ähnliches gesehen.

Ein alter Jud, der auch in Rauhau wohnte, hatte vor dem Zirkus eine kleine Bude aufgemacht und verkaufte Zuckerkokoschn – das waren Hähne aus gebranntem Zucker, die auf einem Holzstäbchen saßen. Als der Zirkus dann weiterzog, ging sein Geschäft nicht mehr so gut, die Leut hatten keine Zeit mehr, Zuckerkokoschn zu lutschen, und so schloß er eines Tages die Bude, was wir Kinder sehr bedauerten.

Im Sommer gingen wir an die Theiß baden. Es waren immer sehr viele Marln und Buben dort, und die größeren sorgten auf die kleinen, damit nicht eines von den Wassermännern in die Tiefe gezogen wird. Man sagte nämlich, daß die Wassermänner gern kleine Kinder zu einem Strudel locken und sie dann hinunter ziehen. Wir badeten nur an solchen Stellen, wo das Wasser nicht tief war, und bevor wir hineingingen, schlugen die großen Buben mit langen Stökken aufs Wasser und sagten einen Spruch auf, um die Wassermänner und andere Geister zu verscheuchen.

In der Nähe von Rauhau gab es zu jener Zeit noch mehrere Zipser Siedlungen: Neudorf und Luhy – die lagen nahe beieinander –, dann Königsfeld, Kreuzfeld, Dombhau und Wischauthal. Wischauthal war ziemlich weit entfernt von Rauhau, im Süden, dort wo sich die Theiß mit der Wischau vereint.

Ich hatte gerade meinen vierzehnten Geburtstag gefeiert, und da lernte ich einen Mann, so bei zwanzig, kennen. Er hieß Franz Wießauer – Namen kann ich mir gut merken – und stammte aus der Zipser Siedlung Dorndorf bei Unterschabronitz in der Karpatenukraine.

Im 19. Jahrhundert hatten Zipser Waldarbeiter die Kolonien Deutsch-Sinjak (1833), Unterschabronitz (1837), Erwinsdorf (1856), Dorndorf (1872), Deutsch-Hrabowo und Deutsch-Puzinsk (beide 1878) gegründet. Später siedelten sich hier auch Deutschböhmen an. Die Zipser kamen aus dem Gründler Land, der Gegend zwischen Untermetzenseifen und Kaschau. Als sich gegen Ende des 19. Jahrhunderts die wirtschaftliche Lage der Deutschen im Karpatenland verschlechterte, zogen viele Arbeiter nach Rauhau und weiter südlich ins Wischauer Land (Maramuresch), wo es für sie mehr Erwerbsmöglichkeiten gab.

Auf die Zipser Arbeiter, die aus den karpatendeutschen Dörfern zugewandert waren, sah man in Rauhau herab. Ich erinnere mich noch, wie Vater über diese Burschen sagte: Hergelaufenes Volk, die haben keine ganze Hose am Hintern!

Dabei waren ja auch wir Hergelaufene, aber Vater war Tischlermeister und hielt sich für etwas Besseres; er war nicht einfacher Holzfäller oder Flößer.

Franz Wießauer war zusammen mit seinem älteren Bruder Sepp nach Rauhau auf Arbeitsuche gekommen, Sepp war aber inzwischen schon weitergezogen – nach Neudorf.

Eines Tages sagte ich Mutter, daß ich mich dem Franzi versprochen hab. Die wurde aber böse: Bist ganz verrückt? schrie sie, das soll dein Vater hören, das soll dein Vater hören, behüt dich Gott!

Er hatte es aber schon gehört, kam aus dem Hof in die Kuchl und fragte, warum Mutter so verärgert ist.

Sie zeigte auf mich: Die geht schon mit Männern!

Mit welchen Männern?

Mit dem Franzi, was von Dorndorf ist kommen.

Mit dem Vagabund?

Vater war so wütend, daß er mich am liebsten verprügelt hätte. Er beherrschte sich aber, setzte sich an den Kuchltisch und sagte: Wenn der dir was tut, brech ich ihm alle Knochen im Leib und jedem anderen auch. Und wenn du siebzehn bist, reden wir wieder übers Heiraten!

Dann ging er wieder in den Hof an seine Hobelbank.

Im geheimen traf ich mich trotzdem noch mit Franzi, aber zwischen uns gab es nichts, was verboten war. Wir hatten uns nur sehr lieb.

Eines Abends sagte er: in der Nacht komm ich zu deinem Fenster, und du steigst heraus. Wir wandern hinunter nach Wischauthal, dort kennt uns keiner, und dort können wir heiraten.

Ich hatte nun wahnsinnige Angst, daß Vater oder Mutter meine Gedanken und Absichten erraten könnten, aber niemand ahnte etwas. Ich nahm nur ein Kreuzlein mit, das ich von meiner Patin zur Firmung bekommen hatte, eine warme Janke und die guten schwarzen Schuh (die hielt ich aber in der Hand, damit sie nicht abgenützt werden).

Wir wanderten immer an der Theiß entlang, es gibt da einen Weg, der bis nach Wischauthal führt. Gegen Abend waren wir schon in Wischauthal. Hier gingen wir zu einem Zipser, den Franzi noch aus Dorndorf kannte. Er sagte, wir können es uns in der Kuchl auf der Ofenbank bequem machen.

Ich war so müd, daß ich sofort einschlief.

Am nächsten Morgen weckten mich laute Stimmen, jemand riß die Tür auf, und plötzlich stand Vater vor mir. Er haute mir zwei herunter, faßte mich an der Hand und zerrte mich hinaus, wo der Pferdewagen des Oberförsters wartete. Franzi war vermutlich zur Flößerstelle gegangen, sich nach einer Arbeit umzuschauen. So hab ich ihn nicht mehr gesehen ...

Als ich neben Vater auf dem Bock saß, ging es im Galopp zurück nach Rauhau; in etwa einer Stunde waren wir dort.

Unterwegs fragte mich Vater: Bist noch ein Marl?

Ja, Vater.

Sein Glück, sonst wär ich nachher noch einmal hinfahren und hätt ihn erschlagen. So, Gott mit ihm!

In Rauhau haben dann die Leut über mich geredet und mit dem Finger auf mich gezeigt, und ich bin lange Zeit nicht mehr weg von zu Hause.

Nach einigen Wochen hat Vater mir dann einen Jungferngiertl gebracht. Den hatte er für viel Geld bei einem Riemer in Marmarosch-Sigeth machen lassen . . .

Solche Keuschheitsgürtel soll es im vorigen Jahrhundert tatsächlich in abgelegenen deutschen und jüdischen Ortschaften noch gegeben haben. Sie waren aus Leder und jenen mittelalterlichen nachgebildet. Angelegt wurden sie jedoch nur jungen Mädchen, um körperliche Unberührtheit zu sichern. So einen Gürtel erhielt die vierzehnjährige Anna Maria.

Im vorigen Jahrhundert achtete man bei den Zipsern streng darauf, daß Mädchen und Jungen vor der Ehe nicht intim wurden. Damit verband sich die alte Anschauung von Schwächung und Energieverlust durch verfrühten, »wilden« Geschlechtsverkehr. Die christliche Überbewertung der Askese und der Jungfräulichkeit war im Zipser Volksglauben noch sehr lebendig. Nur ein junges unberührtes Mädchen durfte zum Beispiel bei der Ernte die letzte Ähre schneiden, und mit dem Urin einer Jungfrau konnte man angeblich Blutungen stillen.

Anna Maria hat diesen Keuschheitsgürtel bis zu ihrem siebzehnten Lebensjahr getragen. Die vielen komplizierten Schnallen durften nur von der Mutter geöffnet werden – wenn Anna Maria Samstagabend im Holzscheppa badete oder auch an anderen Tagen, wenn sie sich wusch. Während des Monatswechsels mußte sie den Gürtel nicht anlegen.

Als ich siebzehn war, sind wir, 1899, von Rauhau fortgezogen. Wenn ich die Augen schließ und zurückdenk, kann ich sagen: es waren schöne Jahre gewesen – obwohl ich den Franzi nicht bekommen hab . . .

Zuerst wollte Vater sich in Marmarosch-Sigeth niederlassen, aber dann wanderten wir doch in östlicher Richtung bis nach Oberwischau im Wassertal, wo damals viele Deutsche und Juden lebten.

Oberwischau war zu jener Zeit, verglichen mit Rauhau

oder Deutsch-Mokra, noch ein kleines Bergdorf, wo jahraus, jahrein nichts Besonderes geschah: Jeden Samstagabend gab es in den jüdischen Kneipen Streit und Raufereien, und am Sonntag ging die ganze Gemeinde geschlossen in die Kirche. In Oberwischau gab es aber damals schon eine richtige deutsche Schule, und so konnten viele Kinder lesen und schreiben. Hier lebten mehr Zipser als in den nördlichen Siedlungen.

Vater ließ sich bei der Holzverarbeitung anstellen, und wir bekamen ein Stück Grund, auf dem Vater ganz allein ein Holzhäuschen errichtete – innen schön mit Lehm verschmiert und getüncht, mit einem Fensterl zur Litzn und einem großen Herd in der Kuchl. Vater zimmerte auch selbst die Möbel: Tisch, Stühle, Betten, Wandrechen für die Kandl, eine Truhe für die Kleider und was man sonst noch brauchte, denn Holz gab es ja genug.

Als ich beinahe schon achtzehn war, lernte ich meinen ersten Mann kennen: Johann Holzberger. Er war dreiundzwanzig, hatte den Militärdienst hinter sich und arbeitete als Flößer oben im Wassertal. Hansl – seine Kameraden sagten ihm Joku – war als kleiner Junge aus Deutsch-Mokra nach Oberwischau eingewandert: er gehörte also auch zu den »Zug'rasten«, wie die Leut damals sagten.

Hansl war ein guter und fleißiger Mann, alle meine acht Kinder hab ich von ihm.

Ich war gerade neunzehn geworden, also keine junge Frau mehr, da bekam ich den Franzi, meinen ältesten; damals wohnten wir noch unten in Wischau.

Bald nach der Geburt meines dritten Sohnes, Martin, wurde Hansl Klauswächter oben bei Makerlau. Wir zogen nun mit den Kindern hinauf ins Wassertal und wohnten dort in einem schönen kleinen Holzhaus, in einem »Zimmer«, wie die Zipser sagen; dieses Zimmer hatte eine Kuchl und eine Stube.

Im Sommer spielten die Kinder draußen vor der Tür am Bach, oder sie gingen in den Wald Malina suchen; es war eine schöne Zeit. Im Winter zogen wir hinunter ins Dorf, weil uns oben in Makerlau die Wölf gefressen hätten. Wenn der hohe Schnee kam, war man dort völlig abgeschlossen von der übrigen Welt.

Meine Jüngste, die Anna, ist 1902 geboren; elf Jahre später hat es den Hansl im Holzschlag erwischt, als er auf Inspektion war.

Am 26. Juni 1913 ging er von Makerlau – wir wohnten damals wieder unten in Wischau – hinauf in einen Graben, wo viel Holz gefällt wurde. Er war damals so eine Art Hilfsförster.

Und da ist das große Unglück passiert: Als er einen Hohlweg herauf kam, stürzte eine Tanne, die schon angesägt war, und er wurde von einem Ast erschlagen.

Jetzt hatte ich acht Kinder gemacht, alle mit dem Hansl – schöne und gute Kinder! –, aber einen Mann hatte ich nicht mehr, er war mir gestorben, als ich einundvierzig war ...

Sei froh, haben die Leut gesagt, bist keine junge Frau mehr, hast große Kinder, die Buben sind alle, außer Julius und dem Steffku, schon erwachsen.

Naja, ich hab dem Herrgott gedankt, daß er mich hat die Kinder großziehen lassen und daß der Hansl ein so guter und fleißiger Mann gewesen ist.

In dem Jahr war der Franzi zweiundzwanzig, der Johann neunzehn, der Martin siebzehn und der Toni sechzehn, die anderen waren noch nicht erwachsen, die großen gingen schon hinauf in den Wald arbeiten, und die kleinen halfen in der Wirtschaft, jeder packte an, wo er konnte.

Ich kann nun nicht erzählen, wie jedes Kind geheiratet hat, wie die Frauen geheißen haben und so weiter – es ist zu viel gewesen in den letzten sechzig Jahren ... Auch hab ich manches vergessen, ich bin müd geworden. Ich weiß nicht, ob Sie mich verstehen?

An vieles, was in Rauhau geschehen ist, kann ich mich noch ganz genau erinnern, und das war vor neunzig Jahren oder mehr ... Aber das, was spätter war, also bald nach dem Ersten Weltkrieg, kommt mir immer wieder aus dem Sinn, und da ist eine leere Stuben, wo nichts drinsteht, nur Luft.

Es war im Jahr 1915, und da kam der Franz Schirotzky aus dem Krieg zurück, weil sie ihm einen Arm abgenommen hatten. Der Franz war nur einfacher Flößer gewesen, also nicht ein Chef wie mein Hansl. Und da hab ich mit ihm ein paarmal geredet, er hatte keine Frau und bekam auch nur ganz wenig Geld – Kriegsrente nannte man das –, und einmal hab ich ihn gefragt, ob er nicht zu mir ziehen will. Da hat er »ja« gesagt, und bald darauf haben wir geheiratet.

Franz war, glaub ich, damals dreißig, ich war schon zweiundvierzig, aber immer noch jung und fesch, und eine Kraft hatte ich in mir, das hätten Sie sehen sollen! Ich hab gearbeitet wie zwei Männer!

Wie merkwürdig ist das Leben: Heiratest einen Invaliden, denkst, der macht keine Seitensprünge nicht, weil ihm der linke Arm fehlt, und staunst dich: er macht Seitensprünge, der Betjchar! Und Kriegswitwen gab es genug, leider, auch jüngere als ich.

Ich hab das hingenommen, weil ich ja schon über vierzig war, ich habs geschluckt. Aber dann hab ich einmal im Laden beim alten Silberbaum die Person mir näher angeschaut und hab sehen müssen, daß die ja schiech war, gar nicht jung und gar nicht fesch, ein Krepierl war die!

Da hab ich mir gedacht: Franz, dir fehlt ein Arm, dir fehlt aber auch der Verstand!

Als er am Abend in die Stube ist geschlichen, hab ich ihm gesagt: Entweder du gehst zurück zu der Hur, oder du schaust sie nicht mehr an!

Maj, war das ein Krach, wir hätten uns beinahe gedroschen, aber er hatte doch Respekt vor mir, schon deshalb, weil ihm ja ein Arm fehlte. So hat er nur geschimpft, hat sich noch einmal schlafen gelegt, und am nächsten Tag ist er tatsächlich zu der schiechen Sau – verzeiht mir das Wort – gezogen.

Ich hab mir gedacht: Geh, Krüppel! Gesagt hab ich nichts.

Die Kinder haben mich beruhigt: Ihr verdient es nicht, Mama, daß Ihr Euch aufregt wegen einem Mann wie der...

Recht hatten sie! Der Franz war ein Schlawiner, und die Frau, zu der er damals ist gezogen, hat ihn auch bald an die Luft gesetzt.

Es ist ein halbes Jahr vergangen – vielleicht auch mehr –, und da hab ich kennengelernt einen Mann, der war Zimmermaler. Er hat geheißen Josef Budnitzky und war zum zweitenmal Witwer geblieben, Kinder hatte er keine. Na, ich hatte schon Enkelkinder vom Franz, denn der hatte die Olga vom Wenzel Oberroßler geheiratet und zwei schöne blonde Buben waren auch schon da.

Den Seppi Budnitzky hab ich geheiratet, weil ich halt gern noch einen Mann wollte. Ich war ja nicht mehr jung, aber fesch war ich, und warum soll man Schluß machen, wenn man noch nicht muß.

Mit dem Seppi war es aber so: die Zimmermaler saufen gern, und er hat auch sehr viel getrunken. Zuerst hab ich gedacht, es muß so sein: Männer saufen, Witwen huren, und wenn sie nicht mehr können, gehen sie beten und werden fromm.

Aber dann war es mir doch zuviel, immer den besoffenen Mann ins Bett legen, die Schuh ausziehen, die Füße waschen, während er schon schnarchte (das war manchmal schon so wie bei einem Toten – die letzte Waschung). Verfluchte Zeit, hab ich mir gedacht: Marisch, hast das nötig?

Nein, hab ich mir geantwortet, das hab ich nicht nötig! Weg mit dem Stück Mann. Und ich hab ihn an einem Morgen, als er den Rausch schön ausgeschlafen hatte und warme Milch verlangte, an die Luft gesetzt.

Meine Buben, der Franzi und der Johann, waren auch dabei, und der Seppi ist gegangen, ohne nichts zu sagen, denn die beiden Buben hätten ihm so gern eine Prügel auf den Weg mitgegeben, das hab ich gemerkt – aber es war ja kein Grund da. Der Seppi grüßte, ging, ich ließ mich scheiden, er mußte das Geld geben, denn Geld hatte er genug.

Ich hab dann gedacht: heiraten ist nichts mehr, gehst auf die fünfzig zu, hast einmal einen guten Mann gehabt, was brauchst noch diese Putzanosn im Haus.

Geheiratet hab ich aber trotzdem noch einmal, und nach dem Mann bin ich wieder, wie nach dem Hansl, Witwe geblieben, aber dann war auch Schluß, Schluß für immer.

Als ich zum vierten Mal geheiratet hab, war ich zweiundsechzig und hatte schon drei Urenkel. Mein Mann hat geheißen Anton Treuterberger und war aus Pfefferfeld.

Auch er hatte Kinder und Enkelkinder, aber die Frau

war ihm gestorben, und da wollte er eine Kameradin haben, um am Feierabend noch ein liebes Wort zu hören.

Der Toni war wirklich ein guter Mensch, ruhig, bescheiden, ein Goldstück von einem Mann. Ich hab immer gedacht: Schad, daß du den nicht früher kennengelernt hast, als du noch vierzig warst, so einen hättest du gebraucht. Ja, der Herrgott hat es anders gefügt, und wir wollen ihm nicht böse sein, denn das wär die größte Sünd.

Also, er hat sich allein die Stiefel geputzt, manchmal hat er auch selbst die Suppe gekocht – was kein Mann sonst macht. Die anderen kommen am Samstag nach Haus: Zieh mir die Schuh aus, gib mir zu essen, gib mir reine Strimpf, ein reines Hemmed, und so geht das in einem fort, man muß sie bedienen, dann gehn sie ins Peisl trinken, und in der Nacht kommen sie nach Haus und wollen eine Frau haben, und dafür ist man dann gut genug: Matratze sein, mehr nicht, die Frauen hier im Tal waren immer nur Mägde und Matratzen.

Mein Toni, Gott hab ihn selig, war ein ganz anderer. Der hat gesagt: Auch die Frauen sind Menschen! Und seine Kameraden haben gelacht: Frauen sind Frauen, Menschen sind die Männer – so hat man ihm geantwortet.

Ja, das ist lang her ...

Wie die Jahre nach dem Tod von Hansl vergangen sind? Ich weiß es nicht. Ich hab keine Zeit gehabt, darüber nachzudenken.

Die Kinder haben geheiratet, Enkel sind gekommen, die haben wieder geheiratet, andere Enkel sind gekommen, und so ist das gegangen: in jedem Jahr sind Kinder gekommen, in jedem Jahr haben welche geheiratet.

So ist die Zeit vergangen, langsam oder schnell: ich weiß es nicht.

Als ich achtzig geworden bin, hab ich mir gesagt: Jetzt bist schon achtzig, dein Leben ist bald aus ...

Als ich neunzig geworden bin, hab ich mir wieder gesagt: Jetzt bist schon neunzig, dein Leben ist bald aus ...

Na, und als ich hundert geworden bin, hab ich mir nichts mehr gesagt ... Was kann man sagen, wenn man hundert wird?

Doch, etwas hab ich gesagt: Machts euch von jetzt an die Arbeit selbst! Bring, Julius, dir eine Frau ins Haus!

Der Toni ist gestorben im Winter '42. Ich war damals noch nicht siebzig, er war zweiundsiebzig, aber immer noch ein starker und fescher Mann: ein Zipser von der alten Art, wie es sie heut nicht mehr gibt.

Da ist er an einem Tag mit dem Schlitten hinüber nach Oberrohnen gefahren. Wolle kaufen. In Oberrohnen gab es einen Rußnaken, der hat sehr schöne Wolle gehabt, und die vielen Marl von den Buben und Kindeskindern, die haben im Winter halt gern gestrickt.

Der Toni ist am Vormittag allein mit dem Schlitten losgefahren und wollte vor Abend wieder zurück sein. Aber als es dunkelte, war er noch nicht da. Ich hab so zum Herrgott gebetet, er soll ihn mir behüten – denn damals gab es hier in der Gegend noch sehr viele Wölfe –, aber es hat nicht viel geholfen.

Es war schon sieben Uhr abend, da hörte ich den Schlitten – die Pferdl hatten so kleine Glockerl am Riemzeug –, und dachte, Gott sei gedankt, er ist wieder da. Aber als ich hinaus ging, sah ich, daß er sehr stark blutete: Die Schulter vom linken Arm war ganz zerrissen.

Tonku! hab ich noch gerufen, dann ist er herunter gefallen in den Schnee. Wir haben ihn schnell in die warme Kuchl getragen und den Doktor Steinbrenner, ein Jud, gerufen.

Herr Doktor, bitte, rettens mir den Mann! hab ich gefleht.

Immer mit der Ruhe, liebe Frau Treuterberger, wir werden alles tun, was möglich ist, hat er gesagt.

Aber nach zwei Wochen ist er doch gestorben, denn der Blutverlust war zu groß gewesen.

Ein Wolf hatte ihn verfolgt und war auf den Schlitten gesprungen, Toni schlitzte ihm mit dem Messer den Bauch auf, aber der Wolf ließ nicht los und biß sich in seine Schulter fest. Einige Zeit hing er so am Toni und die Pferdl rannten, als wäre der Teufel hinter ihnen her. Dann fiel der Wolf hinunter in den Schnee, und der arme Toni hielt sich fest, bis er vor dem Tor war.

Jeden Tag ist der Doktor Steinbrenner gekommen und hat nach dem Toni geschaut, Geld wollte er keines nehmen: Erst soll der Herr Treuterberger gesund sein! So einer war unser Doktor.

Als dann der Toni tot war, kam er und fragte, ob ich genug Geld hab fürs Begräbnis. Ich dankte, ich hätte etwas gespart, und außerdem hätten die Kinder mir ja auch geholfen.

Den Doktor Steinbrenner haben sie noch im selben Jahr mit seiner jungen Frau in ein Arbeitslager nach Ungarn deportiert, und gehört hat man nichts mehr von ihm.

Man kann sich immer nur schämen, denn er hat nie niemandem nichts getan – außer Gutes.

Toni ist so plötzlich weggestorben, und da war wieder einmal kein Mann im Haus. Als das Frühjahr kam, hatte der viele Schnee das Schindeldach eingedrückt, und da tropfte es plötzlich in der Kuchl und auch in der Stube. Was sollt ich jetzt machen?

Da ist der Nachbar gekommen, der Aaron Klein, auch ein Jud, der hatte »goldne Händ« wie die Zipser sagen: er flickte Schuhe, nähte Lederhosen, kastrierte Schweine, reparierte Dächer und Zäune, Öllampen und Petroleumkocher; seine Frau, die Fini – eine Tochter vom Schneider Meerwein, der in der großen Gasse eine Werkstatt hatte – machte allerlei Gebäcks auf Bestellung. Anu besserte Aaron das Dach aus, und wenn ich ihn oben hämmern und sägen hörte, dachte ich: mein Gott, genauso hat es geklungen, wie mein Toni meschterte – aber es war nicht der Toni, sondern es war der Aaron, der das Dach in Ordnung brachte, und das hat mich an den Tagen sehr traurig gemacht.

Es war am Freitag, nachdem wir Toni begraben hatten, und da ist die Fini gekommen und hat gesagt: Morgen ist Sabbat, das ist unser Ruhetag, der Aaron wird nicht arbeiten, darum sollst du kommen heute und morgen zu uns. So bin ich zu den Kleins gegangen und hab gesehen, wie sie haben die Kerzen angezündet, und ich hab mit ihnen Fisch gegessen.

Am Sonntag war ich bei meinem Ältesten, dem Franzi, und der hat gesagt: Mama, du mußt nicht zu den Juden gehen, wenn du allein bist; komm zu uns.

Ich hab ihm gesagt: Ihr habt eure Problemer, ich hab

meine. Steckt euch nicht. Die Juden sind mir genau so gut wie die Zipser Leut, und noch besser, möcht ich sagen, wie die Deutschen.

Da hat er sich gestaunt: Mama, du redst ja wie ein Bolschewik!

Ich red, wie mir der Mund geht. Geht er für deine Ohren nicht richtig, hör nicht hin!

Der Aaron und die Fini Klein – Gott hab sie selig, auch sie sind nicht mehr zurückgekommen – haben mir dann über die ersten Wochen viel geholfen. Wir haben uns gut verstanden mit den Juden ...

Er war ein Gebirg von einen Mann, hatte Hände wie ein Teller, und seine Frau war so klein und schwach wie eine Tokn; aber arbeiten hat auch sie können (das ist nämlich so: die kleinen Frauen haben oft mehr Kraft als die großen). Man hat immer gesagt: Der Klein müßte heißen Groiß, weil er wie ein Riese ist. Wie sie den haben umbringen können, mich wundert es, einen so starken Mann! Wenner dreingeschlagen hat, da ist – das könnens mir glauben – kein grünes Gras nicht mehr gewachsen.

Ich weiß noch: manchmal, wenn bei Goldbrunner einer schkandaliert hat, ein Fremder aus Balmenthal oder Kuselwies, wo ja mehr Rußnaken wohnen, da ist die Marisch – dem Goldbrunner seine Frau – gekommen und hat gerufen: Helfts, Aaron-Batschi, helfts, die Fuxn schlagen alles kaputt! (Fuxn – das sind »die andern«). Und wenn der Aaron zu Haus war, ist er gelaufen, mit der Schürzen um oder barfuß, wenn er grad im Garten arbeitete, und hat das Gesindel an den Pelzen erwischt und so geschüttelt, daß sich ihnen »die Red in der Goschn hat verschlagen«. Wenn das aber nicht geholfen hat, dann konnte er auch Watschen geben; ich hab selbst einmal gesehen, wie der Aaron einem Besoffenen eine heruntergehauen hat: Dem hat der Kopf gewackelt wie ein Perpendikel.

Die Wischauer Juden trieben Handel, sie besaßen kleine Kaufläden und Kneipen; unter ihnen gab es aber auch Arbeiter, Handwerker und Bauern, und die waren ebenso arm wie die meisten Zipser.

Die wenigen Ärzte im Ort waren Juden, die Apotheker kamen aus Siebenbürgen oder von weiter her, aus Öster-

reich, und waren Deutsche. Es gab jüdische Fuhrleute und deutsche Schuster, jüdische Schneider und deutsche Zimmerleute und Tischler. Jüdisch waren die Metzger, deutsch die Baumeister und Dachdecker. Geschlachtet wurde für Juden oder Christen, koscher oder nichtkoscher, die Würste aber wurden immer beim Zipser geräuchert. Beim Juden kaufte man Ringlein und Kettchen, und beim Deutschen die Tanzschuh, beim Juden das Haapttichl, beim Ukrainer die Wolle für die gestrickte Unterwäsche, beim Juden das feine Leinen für das Sunntågshemmed und die Knepp, beim Armenier Zucker und Gewürz für den Geburtstagskuchen, beim rumänischen Bergbauern den Käse für die Tokane ...

Ende der dreißiger Jahre war plötzlich eine kleine Tschopport von Leuten da, die sprachen nicht mehr wie vom *Nachbarn* Friedmann, Federweiß, Goldstein oder Silberblum, sie sagten: *Die Juden.* Zuerst hat man sich darüber sehr gestaunt: Wieso? *Die Juden?* Es *sind* ja Juden! Aber warum soll man das nun immer wieder so sagen?

Da waren der Rosnitschuk-Seppi, der Rischkowitsch-Johann, der Muschinsky, der Schaschallowitsch, der Melega, der oben auf dem Zweiten Berg wohnte, und der Wrabel; die nannten sich auf einmal *Deutsche:* Mir ßein keine Zipser nit, mir ßein Taitsche, sagten sie und »machten ßich groiß«, wie es auf Jiddisch heißt.

Eines Tages, als sie sich im Peisl beim Goldbrunner versammelt hatten und den Wirt beschimpften, kam der Leibnitzer-Seppi und Zawatzky-Toni und der Alois vom Oberrossler-Schandor-Batschi herein, und wie sie hörten, was diese da so herumschkalierten, sagte der Leibnitzer: Wer beim Juden sauft und nit bezahlt, soll die Goschn halten oder hinausgehen an die Luft.

Erst war es still wie in der Kirche, dann ist der Rosnitschuk aufgestanden und hat gefragt: Seids Deutsche, Bolschewiken oder Judenknechte?

Der Leibnitzer – er war Flößer und arbeitete oben in Kleinkoman – hat nichts geantwortet; er ist nur zum Rosnitschuk gegangen und hat ihm eine heruntergehauen.

Dann sind aber auch die anderen aufgesprungen. Der

Toni hat eine Flasche geschmissen, und der Oberrossler hat auch nicht erst gewartet, bis man ihn ruft; er hat einen Stuhl genommen und damit hineingeprügelt. Es war eine Rauferei wie in den guten alten Zeiten. Gesiegt haben aber die Zipser! Die »Deutschen« sind abgezogen, verdroschen wie die Wäsche beim Prackerln.

Das war das einzige Mal, daß bei unseren Leuten Krach war wegen den Juden. Als man sie 1942 abtransportierte, war sehr viel Militär am Bahnhof ... Befehl ist Befehl, hat der alte Wimmer-Joschi gesagt, und der Befehl kommt »von ganz oben«.

Im Sommer 1942 wurden – nach Berichten eines Überlebenden, des Schafhirten Mosche Friedmann – die jüngeren jüdischen Männer aus Oberwischau und anderen Maramurescher Ortschaften in Güterwagen zusammengepfercht und in Arbeitslager nach Ungarn und Deutschland geschafft: Die meisten kamen nach Schachendorf und von dort ins KZ Auschwitz.

Im selben Jahr trieben Horthy-Faschisten – die Maramuresch gehörte seit dem »Wiener Schiedsspruch«, August 1940, zu Ungarn – sämtliche jüdische Frauen, Kinder und alle älteren Menschen, die beim ersten Transport »zurückgestellt« worden waren, »wie das Vieh aus den Häusern«. So wurde die jüdische Restbevölkerung aus Oberwischau, Pfefferfeld, Borscha, Reußenau, Joodt, Rußkowa, Leordinen und anderen Gemeinden in Holztransportwagen verfrachtet und in verschiedene Vernichtungslager geschickt, erst zu einer »Sammelstelle« nach Bromberg, dann nach Branow und Auschwitz.

Jene, die 1945 in Auschwitz von den sowjetischen Truppen befreit wurden, kehrten wieder nach Wischau zurück; die meisten blieben jedoch nicht mehr lang im Land und wanderten in den fünfziger Jahren aus.

Vor 1942 lebten allein in Oberwischau über fünftausend Juden; 1972 waren es noch fünf Familien: Kaufmann, Preisler, Schmucker, Glück und Friedmann, der letzte jüdische Schafhirte.

Sie sagen, ich soll Ihnen erzählen von den Juden: Da ist nur zu klagen, man kann nicht mehr denken an das, was früher war, wenn man gesehen hat das, was 1942 ist passiert.

Die Zipser haben mit den Juden, ich sagte es schon, in guter Nachbarschaft gelebt. Man hat sie eingeladen zu unseren Festen, und wir sind gegangen zu ihren Festen. Sie waren nicht schlechter, sie waren nicht besser als wir, einige waren reich, die meisten waren arm. Und da gab es keinen Unterschied: Zipser Holzarbeiter, jüdischer Holzarbeiter – beide haben geschuftet, und beide hat man um den Lohn betrogen, wenn man nur konnte.

Den ersten Jud, den ich in meinem Leben gesehen hab, war ein alter Mann in Rauhau; er hat Zuckerkokoschn verkauft vor einem polakischen Zirkus. Die letzten Juden, mit denen ich gesprochen hab, waren der Doktor Steinbrenner, der Aaron Klein und seine Frau Fini.

Bezahlt für die große Sünd aber haben wieder unsere Leut, die ja keine Schuld nicht hatten: Sie hat man aus dem Karpatenland davongejagt und zusammgeschossen ...

Im Oktober 1944 wurde die Familie Franz Fellner – nach einem Bericht von Julius Traxler, Oberwischau – in Luhy bei Neudorf von Partisanen ermordet. Fellner war Schmied, und seine Werkstatt stand an der Howerlauer Straße; er hatte sich nie um Politik gekümmert.

Elf Menschen – Fallner mit Frau, Töchtern, Schwiegersohn Victor Klausky und Enkelkindern – wurden im Hof ihres Anwesens erschlagen. Franz Fellner war zweiundfünfzig, und das kleinste Enkelkind, die Tochter der Veronika und des Victor Klausky, war gerade drei Jahre geworden. Man fand sie auf einen Zaunpfahl gespießt, daneben, in gleicher Weise zugerichtet – ihre Puppe.

Unser Herrgott hat zugelassen das eine. ER hat zugelassen das andere. Warum es so kommen mußte: ER weiß es, wir armen Menschen nicht!

Sie sagen, hundert Jahr ist eine lange Zeit. Ich aber sag Ihnen: hundert Jahr ist *keine* lange Zeit – wenn man tagein, tagaus muß arbeiten, von in der Früh um fünf bis am Abend um sechs oder um sieben, wenn man nur am Sonntag sich ein bißchen Ruhe gönnt, weil am Sonntag hat es unser Herrgott nicht gern, wenn man was tut.

Glauben Sie mir, hundert Jahr ist nicht viel! Aber ich sag's ehrlich: noch einmal möcht ich hundert Jahr nicht leben! Noch einmal die ganze Plag und Müh, die acht

Kinder – mein Steffku, der Arme ist ja gestorben –, jetzt sind es nur noch sieben, und dann die vielen Kleinen, die immer hier am Hof waren: Sorg auf den einen, sorg auf den anderen, die Mutter ist krank, der Vater ist im Holz, sorg auf die vielen Enkelkinder.

Nein, noch einmal möcht ich so nicht auf die Welt kommen, der Herrgott wird es mir verzeihen, wenn ich das jetzt sag.

Als der Hansl im Juni 1913 gestorben ist, hab ich dem Herrgott gedankt: Acht Kinder hat er uns geschenkt, und alle acht waren am Leben und gesund. Ich bin hinauf auf den Berg gegangen, wo unser Friedhof ist, hab niedergekniet am Hansl seinem Grab und hab ihm dankt für die schönen Jahre und die acht Kinder. Ich hab ihm damals auch versprochen, daß ich alle werd großziehen, daß ich durchhalten werd ...

Ich soll etwas Besonderes aus meinem Leben erzählen?

Was soll ich erzählen? Was war besonders? Da muß ich lang nachdenken ...

Wenn ich jetzt sag: *nichts* war besonders – fragen Sie wieder. Aber ich sag Ihnen: mein Kopf ist wie ein altes Sieb, alles geht durch, nichts bleibt zurück, ich vergeß immer wieder was, und das geht schon seit einigen Jahren so.

Aber kann man jetzt ruhig sterben? Man kann es nicht!

Immer noch hat man die Sorgen mit der Wirtschaft. Jetzt ist bald Abend: Die Hühner müssen gefüttert werden, das Fressen fürs Schwein ist noch nicht fertig, die Kuh muß man melken ... Wer tuts?

Die Lisi – dem Gjulku seine, die neue Frau – ist nicht zu Haus. Weiß ich, wo sie ist? Ich weiß es nicht!

Jetzt muß ich wieder alles selbst machen, verdammte Arbeit! Und ich hab Ihnen den ganzen Nachmittag verzählt und verzählt, aber jetzt ist halb sechs, und ich hab keine Zeit nicht mehr heut.

Auch die Störche kehren zurück
(Hedwig Jachmannowsky)

Als Mädchen hab ich Hedwig Gallus geheißen, später wurde unser Name madjarisiert, und wir mußten uns dann Gálus nennen. Hedwig ist aber ein deutscher Name, und den konnte man nicht ändern, den hab ich von meiner Oma bekommen, die war aus Südschlesien eingewandert. Sie hat Hedwig Kießlik geheißen und stammte aus Neukirch, einem Dorf nördlich von Ratibor.

Mein Großvater mütterlicherseits, Stephan Gallus, kam als junger Waldarbeiter aus dem Zipser Land nach Oberwischau; hier lernte er die Hedwig kennen, deren Eltern, wie gesagt, aus Schlesien hergezogen waren.

Er war damals vierzehn Jahre alt und hatte zusammen mit seinem größeren Bruder den weiten Weg aus Stoß bei Schmöllnitz im Gründler Ländchen, über Tschopp, Sächsisch-Bereg/Szász-Bereg, Teutschenau, Sigeth bis nach Oberwischau zu Fuß zurückgelegt. Unterwegs haben sie, erzählte er, auf Feldern in Heuschobern übernachtet – es war ja Sommer, und Geld hatten sie keines.

Manchmal ist der Bruder in eine Kneipe eingekehrt und hat einen Schnaps getrunken. Trink auch tu a Glaserl, Stefku, hat er ihm gesagt. Dieser hat aber lieber sich die Füße mit Brunnenwasser gekühlt, weil die Sohlen schon ganz heiß waren vom vielen Gehen.

Als mein Großvater dann endlich in Wischau eintraf, gab es oben auf den Bergen vereinzelte rumänische und ruthenische Gehöfte, aber unten im Wassertal siedelten kaum Menschen, nur dort, wo heute die Zipserreih' steht, also am rechten Wasserufer, gab es einige Holzhäuser, und am linken Ufer, entlang der Johannisgasse, standen die Siedlerhäuser der sogenannten »Taitschn«, das waren die Einwanderer aus Gmunden, Bad Ischl und Ebensee und anderen oberösterreichischen Ortschaften, die sich getrennt von den Zipsern niedergelassen hatten.

Der Ärarbeamte teilte den beiden Neuankömmlingen ein Stück Wald zu, und der Oberförster sagte: So, hier legt ihr einen Garten an, ein Feld, und aus dem Holz baut ihr euch ein Haus. Na, dann begannen die beiden Buben zu arbeiten – die Woche hindurch oben im Holzschlag, um Geld zu verdienen, und in der Freizeit, am Wochenende, wenn sie herunterkamen, auf dem eigenen Grund: Jeder Baum mußte gefällt werden, die Wurzeln mußte man heraushacken und dann den Boden schön einebnen. Langsam machten sie so immer einige Meter vom Wald frei, bis sie schließlich ein schönes Grundstück hatten, auf dem sie Kartoffeln anbauen konnten.

Die deutschen Holzarbeiter, die sich ab 1776 in Oberwischau ansiedelten, schlossen mit dem Ärar – der österreichisch-ungarischen Verwaltung – einen Vertrag ab, in dem ihnen eine Entlohnung für die Arbeit im Holzschlag, ein Grundstück – drei Joch Feld, das sie jedoch selbst roden mußten – und Holz zum Bau eines Hauses zugesichert wurden.

Das Bergfeld blieb weiterhin Eigentum des Staates, durfte aber von der Familie bebaut werden, wobei die ganze Ernte den Zipsern gehörte. Ebenso blieb das Grundstück, auf dem das Haus stand, Eigentum des Ärar.

Dem Zipser Einwanderer gehörte jedoch das Haus, und wenn er – wegen Krankheit, Alter oder auch aus einem anderen Grund – nicht mehr arbeiten konnte, so mußte ein Sohn seine Stelle einnehmen; wenn er aber keinen Sohn hatte, mußte er das Haus abreißen, fortschaffen und der Grund wurde einem anderen deutschen Ansiedler zugeteilt.

Die Ärararbeiter erhielten keine Rente; konnten sie nicht mehr arbeiten, mußten sie von ihren bescheidenen Ersparnissen leben oder von dem Ertrag ihres Gartens. Dieser »gesicherte Lebensabend« war aber nur dann denkbar, wenn ein Sohn die vertraglichen Verpflichtungen des Vaters gegenüber dem Staat übernahm und weiter in den Holzschlag arbeiten ging.

Mein Großvater war ein richtiger Zipser, ein Mann, der den ganzen Tag über arbeiten mußte, der nie zur Ruhe kam, der nie krank wurde und nur wenige Stunden Schlaf brauchte. Er war schon ein alter Mann und ging noch immer mit einem Knüttel Früchte ernten (in allen Gärten erntete er das Obst, alle Wiesen mähte er – gegen Bezahlung, versteht sich –, aber das war eine schwere Arbeit).

Er wurde siebenundneunzig Jahre alt und hatte nie Zahnschmerzen gehabt (er hatte aber auch noch alle Zähne im Mund, einen Zahnarzt gab es damals auch noch nicht hier im Dorf; übrigens, *mein Vater* wurde nur zweiundsechzig Jahre alt, er hatte vier Geschwister; und auch die sind alle jung gestorben).

Einen Tag vor seinem Tod fühlte Großvater sich plötzlich ein bißchen schwach, zum ersten Mal in seinem Leben mußte er sich ausruhen. Am nächsten Tag fühlte er sich wieder ein bißchen schwach und wunderte sich: Nanu, was soll das heißen, ich bin ja noch nicht hundert, mit siebenundneunzig legt ein Zipser sich noch nicht ins Gras (so sagte er: ins Gras, weil er nicht »ins Grab« sagen wollte). Doch diesmal stand er nicht mehr auf, er blieb liegen auf der Bank in der Küche und war plötzlich tot.

Soviele Jahre hatte Gott ihm geschenkt, so lange hatte er gelebt, seine Glocke hatte geschlagen, und da mußte er gehen, obwohl er noch sehr gut aussah, so, als würde er viel über die Hundert hinaus leben ...

Ich wurde am 25. April 1913 in Oberwischau geboren. Wir waren acht Geschwister: Desiderius, Georg, Ignaz, Maria, Theresia, Johannes, dann erhielt noch einer den Namen Georg, weil der erste gestorben war. Vier starben also noch als kleine Kinder, ein Bruder starb mit zweiundzwanzig, und im vergangenen Jahr starb wieder einer: mit zweiundsiebzig. Ein Bruder lebt noch in Australien.

Mein Vater war Holzarbeiter oben im Wassertal, er hat in den Gräben bei Feinen, Makerlau, Loßten und Mierasch gearbeitet, wo damals nur Deutsche und Zipser beschäftigt waren.

Obwohl wir, wie gesagt, acht Geschwister waren, sorgte mein Vater dafür, daß wir alle die deutsche Schule besuchten. Unser Lehrer (sein Grab ist oben auf dem katholischen Friedhof) hieß Alexander Mühlbauer. Bei ihm beendete ich drei Volksschulklassen, mehr gab es damals nicht. Als man nach 1918 rumänisch zu unterrichten begann, ging ich nicht mehr weiter zur Schule und half meiner Mutter in der Wirtschaft und im Haushalt. (Vor einigen Jahren hat man übrigens auch mich zu den Alphabetisierungskursen genommen, und ich mußte eine Prüfung für die vierte Klasse ablegen.)

Wir hatten immer Feld gehabt, auch Kühe und Schweine. Wir haben Kartoffeln und Mais angebaut, und dann mußten wir für das Vieh auch viel Heu machen, das war ein Haufen Arbeit, und alle Kinder halfen dabei.

Mit neunzehn Jahren hab ich den Rudolf Jachmannowsky geheiratet, einen feinen Mann, fleißig und ein richtiger Deutscher, ein Zipser! Er ist sechs Jahre älter als ich.

Bis zur Rente hat mein Mann oben im Wassertal gearbeitet, aber nicht als Holzfäller – er war Brigadier, und manchmal hat er bis fünfhundert Arbeiter angeleitet, das war eine schwere und verantwortungsvolle Arbeit.

Montag in der Früh, je nachdem wie das Wetter war, um drei, vier Uhr, mußte er mit dem Pferdewagen hinauf ins Tal fahren (damals gab es noch nicht die Schmalspurbahn, die Bimbelbahn, wie die Zipser sagen, und so wurde der lange Weg, dreißig bis fünfundvierzig Kilometer, entweder zu Fuß oder mit dem Wagen zurückgelegt).

Dann war er eine Woche, manchmal auch zwei Wochen oder mehr, von zu Hause fort, und ich führte allein die Wirtschaft, besorgte Feld und Vieh und zog mein Töchterchen auf, die Liesl (sie ist übrigens auch schon verheiratet, hat drei Söhne und zwei Enkelkinder, sie ist also Großmutter, und ich bin schon Urgroßmutter).

Manchmal mußte mein Mann aber auch weit weg gehen, um Arbeit zu finden, und dann fehlte er oft zwei Jahre. So war das damals: im Frühjahr zogen die Männer fort und kamen erst zu Weihnachten wieder ...

Wenn er oben im Wassertal arbeitete, kam er gewöhnlich Samstagabend nach Hause, vorher erhielt er aber den Lohn, dann ging er zuerst mit den Arbeitern einen Schnaps trinken (das war so Brauch), dann kam er nach Hause, wusch sich, ruhte sich aus und kümmerte sich ein bißchen um mich und das Kind.

Einmal war er einen Monat weggewesen, und als er zurückkehrte, hatte er keinen Groschen mitgebracht.

Nimmst mich an, ich hab kein Geld nicht verdient? fragte er.

Na, was sollte ich darauf antworten, selbstverständlich

nahm ich ihn wieder an. Irgendwie mußte es ja weitergehen, denn das Essen hatten wir ja vom Feld, und Milch, Eier und Fleisch gab es auch genug ...

Am 10. Oktober 1944 sind wir dann geflüchtet.

Und genau nach einem Jahr sind wir wieder zu Hause gewesen. Wir sind zurückgekehrt in unser Dorf, denn auch die Störche kehren zurück zu ihren Nestern, und wir haben uns die ganze Zeit über, als wir weg waren, so wie Wandervögel gefühlt.

Also mit der Flucht war das so:

Wir hatten deutsche Soldaten einquartiert bekommen, und das waren ganz anständige Burschen (eigentlich waren sie ja auch Söhne von einfachen Menschen, und ihre Eltern lebten irgendwo im großen deutschen Land und warteten auf sie und hofften, daß sie eines Tages wieder zurückkommen werden).

Eines Tages haben wir dann bemerkt, daß die Deutschen nicht mehr so lustig waren wie bisher (wenn sie abends auf der Mundharmonika oder der Ziehharmonika fröhliche Lieder spielten und die Marln zum Tanz riefen), sie waren plötzlich so zurückgezogen, irgendwie auch mißtrauisch, sie standen oft in einem Winkel unseres Hofs beisammen (sehen Sie, dort drüben bei der Scheune standen sie), und flüsterten miteinander.

Nun, wir fanden das seltsam. Was ist in diese Leute gefahren? fragte mein Mann, die schauen immer weg, die sind so schweigsam geworden.

Die aber flüsterten und flüsterten, und uns sagten sie nichts.

Eines Tages fragte dann mein Mann: Was ist los, ist was Schlimmes passiert?

Nein, antworteten sie, es ist nichts Schlimmes passiert, es ist alles in Ordnung, alles klar.

Am Abend versammelte dann der Unteroffizier die Soldaten wieder im Garten (er hatte im Radio irgendeine wichtige Nachricht gehört; wir besaßen damals kein Radio und wußten also von nichts), nun, er flüsterte wieder mit seinen Soldaten.

In der Nachbarschaft waren auch viele deutsche Soldaten, und die fuhren immer hinauf ins Wassertal, das ist in der Richtung, wo die Karpatenukraine liegt.

An dem Abend, als sich die Soldaten im Garten versammelt hatten, kam nun ein Posten aus der Nachbarschaft und sagte zu uns: Der Russe hat heute dreimal angegriffen, wir können ihn nicht mehr zurückhalten.

Am nächsten Tag kam er wieder und sagte: Heute hat der Russe viermal angegriffen, jetzt können wir ihn unter keinen Umständen mehr zurückhalten.

Mein Mann wußte nicht, was er darauf erwidern sollte.

Nur auf einmal rief er: Du, Hedwig, die Soldaten ziehen fort!

Dann kam ein deutscher Offizier und befahl: Alle deutschen Einwohner müssen Oberwischau verlassen! Niemand darf hier bleiben, denn bald sind die Russen da!

Ja, was sollten wir nun machen?

Wir haben rasch einige Kleinigkeiten eingepackt, haben unsere Liesl an der Hand genommen (sie war damals gerade vier Jahre alt) und sind losmarschiert. Das heißt, wir sind gelaufen, weil man aus dem Wassertal schon die russischen Kanonen hörte, und da bekamen wir solche Angst, daß wir, so rasch es ging, davonliefen.

Wir liefen die ganze Nacht und wir liefen den ganzen nächsten Tag, manchmal rasteten wir, aber sonst gönnten wir uns keine Ruhe. Zuerst ging es hinauf in die Karpatenukraine, nach Teutschenau, Hußt, dann weiter über Preschau, Zillein, Ostrau, Olmütz, Zwittau, Königsgrätz, nach Reichenberg – das sind alles Orte in der heutigen Tschechoslowakei.

Wie wir damals diesen Weg geschafft haben, wundert mich auch heute noch, meist liefen wir nämlich zu Fuß, selten hatten wir eine Gelegenheit zu fahren, denn alle Wagen und Autos, die sich in jene Richtung bewegten, waren überladen mit deutschen Flüchtlingen, die aus den Ostgebieten fortströmten. Der Anblick dieser vertriebenen Menschen war unvergeßlich (ich will darüber nicht sprechen, auch heute noch träum ich manchmal von jener Zeit und wach dann in der Nacht auf und kann nicht mehr einschlafen ...).

Schließlich kamen wir dann in Reichenberg, einer großen und schönen Stadt im Sudetenland, an, und hier blieben wir, das heißt, man teilte uns nach Kratzau zu. In diesem Dorf, nahe an der niederschlesischen Grenze, lebten wir dann bis Kriegsende, wir hielten uns auch kurz in Friedland, Raspenau, Reichenau, Grottau und anderen kleineren Orten auf, wo damals nur Deutsche wohnten, die waren alle sehr gastfreundlich, obwohl die Gegend von Flüchtlingen überschwemmt war und es an Lebensmitteln mangelte.

Dann erreichten uns aber eines Tages die Russen auch dort.

Am Tag vorher hatten die Sirenen so geheult, als käme nun das Jüngste Gericht über den Hitler und seine Leute.

Wieder erschien ein deutscher Offizier und befahl: Wer kleine Kinder hat, soll in den Zug steigen, die anderen müssen zu Fuß fortlaufen, aber schnell, denn die Russen sind schon ganz nah!

Der Bauer, bei dem mein Mann gearbeitet hatte, sagte: Ich zieh nicht fort, ich bin Deutscher, meine Heimat ist das Sudetenland, ich hab niemandem etwas zuleid getan, warum soll ich vor den Russen davonlaufen? Ich bleib hier! Wie es sein wird, wird es eben sein!

So haben wir alle unsere Sachen bei ihm gelassen, alles war schön in Kisten verpackt, Wäsche und was wir sonst noch besaßen, eigentlich war es wenig, aber wir hatten ja alles andere verloren oder in Oberwischau zurückgelassen.

Der Offizier kam wieder, drohte und trieb die Bevölkerung an, möglichst rasch zu verschwinden. Eingeschüchtert machten auch wir uns in der Nacht auf und gingen, so rasch wir konnten, über einen Berg und dann durch einen sehr dunklen Wald, bis wir am Morgen in einer Bahnstation ankamen, die Niemes hieß.

Hier hofften wir, in einen Zug steigen zu können, um weiterzufahren. Man sagte aber, daß der Zug Verspätung hat, weil er in Reichenberg bombardiert worden war. Wir wollten nun aus dem Sudetenland heraus.

Ins allgemeine Durcheinander wegen der anrückenden Russen kam jetzt noch viel Volk aus der Dresdner Gegend hinzu, weil die Amerikaner die Stadt im Februar furchtbar bombardiert hatten.

Wir saßen also in der Station von Niemes und warteten auf den Zug. Als der einfuhr, war er so vollgestopft mit Menschen, daß wir zuerst dachten: da kommt niemand mehr hinauf. Aber schließlich haben wir uns doch alle noch hineingezwängt: durch die Fenster, denn durch die Türen ging es nicht mehr, weil da die Menschen auf den Treppen wie die Trauben hingen. Die meisten hatten kein Gepäck, einige hatten ihre wenigen Habseligkeiten in eine Tasche verstaut und sich diese um den Hals gehängt. Auch die Dächer waren voll von Menschen, die dort eng aneinandergedrängt saßen.

Als ich durch ein Fenster kroch, hatte ich nicht gemerkt, daß die Scheibe zerbrochen war und noch ein Splitter im Rahmen steckte, so zerschnitt ich mir das Knie, es begann zu bluten, das Liesl weinte, die anderen Kinder schrien, als man sie hochhob und in die offenen Fenster zwängte, es war ein unbeschreiblicher Jammer.

Doch schließlich waren wir alle oben, Gott sei's gedankt!

Nun sollte der Zug losfahren. Auf einmal aber Rufe: die Flieger! die Flieger! – Es war ein amerikanischer Luftangriff.

Die Flieger kamen ganz tief herunter und schossen oder warfen Bomben auf diese armen, geplagten Menschen, auf Flüchtlinge, Frauen, Kinder.

Man kann sich das nicht vorstellen: aus dem überfüllten Zug mußten jetzt alle so schnell wie möglich wieder heraus. Die Leute schrien, sie stießen, stürzten die Treppen hinunter, traten sich auf die Hände, es war unbeschreiblich.

Dann war plötzlich alles vorbei, ich weiß nicht mehr, wieviele Tote zurückblieben, wieviele Mütter nach ihren Kindern riefen, die sie im Durcheinander verloren hatten, andere weinten, eine Frau neben mir schrie und hielt ein kleines Mädchen im Arm, aus dessen Mund Blut rann. Sie wollte nicht mehr aufsteigen. Der Mann, mit einem Buben an der Hand, stand neben ihr und redete ständig auf sie ein, sie schrie, dann schob er den Jungen durch das Fenster in unser Abteil. Was aus ihm geworden ist, ob er unten bei der Frau geblieben ist, ich weiß es nicht.

Der Zug fuhr los.

Doch er fuhr nur eine Weile, dann blieb er plötzlich stehen und man hörte wieder das Dröhnen der Flieger: Wieder griffen die Amerikaner oder Engländer uns an!

Alle drängten und stießen hinaus, krochen unter die Wagen und wohin sie konnten. Wir lagen auf dem Bauch, überall krachte es, Frauen schrien, Kinder weinten, wir dachten: Jetzt ist es aus!

Aber es war noch nicht aus. Die Amerikaner flogen wieder davon, und der Zug setzte sich langsam in Bewegung.

Nach einiger Zeit kamen sie aber zurück, vielleicht waren es auch andere, jedenfalls waren es wieder amerikanische Tieflieger. Wieder hinaus ...

So ging das bis Nachmittag, ich weiß nicht mehr, ob wir fünfmal oder sechsmal Tieflieger über uns hatten, aber zuletzt hatten wir nur noch einen Gedanken: Gott soll uns helfen, daß wir aus dieser Hölle lebend herauskommen! Und Er hat uns geholfen, wir haben den Zug vor Bodenbach, als er nicht mehr weiterfuhr, lebend verlassen. Das war in der Nähe der Elbe.

Hier sind wir nun gelaufen bis zu einem einsamen Gasthof, dessen Bewohner nicht geflüchtet waren. Zu essen für die Kinder konnten wir hier aber nichts bekommen, weil die Leute selbst nichts mehr hatten.

Plötzlich rief jemand: Bombenangriff!

Nun liefen wir alle (es waren auch noch andere Flüchtlinge da) zu einem kleinen Hügel, in dem ein Luftschutzbunker war. Weil die Tür aber nach außen aufging und die Menschen sich aus Angst dagegen preßten, konnten wir nicht hinein und mußten draußen stehen. Zum Glück passierte uns nichts, nach einiger Zeit heulten die Sirenen, und der Alarm war vorbei.

Der Gastwirt wollte uns nun doch etwas zu essen geben, doch kaum hatten wir uns an den Tisch gesetzt, heulten wieder die Sirenen: Bombenangriff!

Wir ließen alles stehn und liegen und liefen, so rasch wir konnten, zum Bunker, der jetzt offen stand, so daß wir alle hineinkonnten. Draußen krachte es, die Amerikaner und die Engländer bombardierten wieder die Flüchtlingstrecks, man hörte Kinder und Frauen schreien, es war furchtbar.

Wir saßen im sicheren Bunker, aber wir weinten auch alle: die Frauen, die Kinder und die paar Männer ... Damals dachte ich: bis hierher – weiter geht es nicht, ein

Mensch kann in dieser ständigen Angst nicht leben, diese Angst, die uns alle langsam töten wird, wenn nicht eine Bombe unserem Leben plötzlich ein Ende setzt.

Aber es ging trotzdem weiter, der Mensch kann mehr aushalten, als er glaubt.

Auch dieser Fliegerangriff hatte einmal ein Ende, und wir verließen den Bunker – lebend!

Am nächsten Tag hieß es plötzlich: Die Russen sind gekommen! Uns war es jetzt schon alles eins – ob der Russe kommt oder nicht kommt, wir wollten nur überleben, wir (mein Mann, meine Schwester und ich und die anderen Zipser, die noch mit uns waren) wollten unsere Kinder lebend aus diesem Land herausbringen, wir wollten nur noch irgendwohin laufen, wo es keine Fliegerangriffe gab, wo man bleiben konnte, alles andere interessierte uns nicht mehr.

Während die Leute noch durcheinanderredeten, kamen einige Pferdewagen mit ungarischem Militär vorbei.

Wohin fahrt ihr? rief mein Mann.

In die Sathmarer Gegend!

Nehmt uns mit, wir sind auch von dort, baten wir sie.

Ihr könnt mitkommen, aber ihr müßt euch auf verschiedene Wagen verteilen.

Rasch saßen wir auf, und nun ging es los – in Richtung Heimat. Es war gegen Abend, Mai 1945.

Wir fuhren die ganze Nacht. Am Morgen sahen wir, daß wir immer noch im Sudetenland waren, hier sprach man noch deutsch, die Einwohner von dort waren nicht geflüchtet.

Da sagten die Soldaten, sie könnten uns jetzt weiter nicht mehr mitnehmen, und so stiegen wir in einem Dorf ab, ich glaub, es war in Liebenau, südlich von Gablonz.

Hier gingen wir zu einem Bauern, und er gab uns etwas zu essen und Milch für die Kinder.

Auf den Straßen, wo die Flüchtlinge und das deutsche Militär durchgezogen waren, lagen überall Koffer mit Sachen, Hausrat, Kleidungsstücke und viel anderes Zeug herum, das die Leute weggeworfen hatten, weil sie es nicht mehr tragen konnten. Außerdem standen am Straßenrand Motorräder, zerschossene Autos, Kisten und anderes, was von der sich zurückziehenden Armee übriggeblieben war. Dazwischen lagen freilich auch tote Menschen, die man nicht mehr begraben hatte, weil man schnell weiter mußte.

Wir haben einiges mitgenommen, weil wir dachten, das geht sicher alles kaputt, und mein Mann hat so ein Paar sehr gute Stiefel gefunden.

Mit uns war auch ein Breslauer, der sagte: Ich bin Schofför, ich schau mich nach einem Auto um.

Er fand auch einen Lastwagen, mit dem man noch fahren konnte. Wir luden rasch unsere Sachen auf und los ging es – wieder in Richtung Heimat.

So kamen wir bis zu einer Anhöhe, und da wollte der Laster nicht weiter, wir stiegen aus, versuchten zu schieben, aber der Motor streikte. Jemand sagte, wir sollten oben auf dem Dach eine weiße Fahne befestigen, damit die Russen sehen, daß wir uns ergeben. (Wenn ich jetzt so zurückdenke: vor den Russen hatten wir eigentlich keine Angst mehr, denn *sie* hatten uns ja bis dahin nichts getan, es wurde immer nur sehr viel Böses über sie erzählt, aber die amerikanischen und englischen Flieger hatten wir tatsächlich erlebt!)

Weil der Motor nicht mehr anspringen wollte, ließen wir alles liegen und gingen zu Fuß weiter.

Zwölf Tage irrten wir so durch die Gegend. Manchmal übernachteten wir auf einem Heuboden, manchmal in einem Wald. Wir trafen verwundete Soldaten, die durchs Land liefen und nicht mehr wußten, wohin, Flüchtlingen begegneten wir auch noch, sie kamen aus allen möglichen Gegenden, wo damals Deutsche lebten, aus dem Ofener Bergland, aus der Batschka, aus dem serbischen Banat, aus dem Nösnerland, aus Galizien und Wollynien und viele aus dem Warthegau, manche waren schon vom langen Umherwandern so kaputt, daß sie kaum noch sprechen konnten.

Einmal trafen wir zwei Menschen, eine junge Frau und einen Mann in Uniform mit einem Holzfuß, die humpelten durch die Gegend. Sie blieben stehen, als sie uns sahen, und fragten uns nach dem Weg, aber wir konnten ihnen nichts raten. Die Frau hatte den Verstand verloren, der Mann sagte dann, ihre drei kleinen Kinder wurden bei einem Fliegerangriff getötet. Zwei Jungen und ein

Mädchen, sagte er immer wieder. Auch als sie weitergingen, wiederholte er ständig: zwei Jungen und ein Mädchen. Ich mußte weinen, ich konnte mich nicht mehr beherrschen, ich heulte los, als ich den beiden nachblickte.

Am zwölften Tag kamen wir wieder in Dresden an. Hier sah es schrecklich aus, die Stadt war von den Angloamerikanern ganz zerstört worden und hatte einige Tage gebrannt, dabei waren, so hörten wir damals, die meisten Einwohner (hauptsächlich Flüchtlinge aus den deutschen Ostgebieten, viele Kinder, Frauen und alte Leute) elend umgekommen.

In der Bahnhofshalle war nur Schutt, überall Trümmer, verbrannte Wagen, es roch nach Leichen.

So kamen wir zu einer großen Brücke, die war aber von russischem Militär besetzt, und wir Zivilisten mußten auf Leitern hinunter zur Elbe steigen und am anderen Ufer wieder hinauf. Was sollten wir nun mit den Kindern machen? Die Leitern waren etwa fünfzehn Meter hoch.

Da kam ein deutscher Soldat, und als er uns klagen hörte, sagte er: Habt keine Angst, ich trag eure Kinder hinüber.

Zuerst nahm er die Liesl auf den Arm und brachte sie ans andere Ufer, dann die Kinder unserer Freunde. Wir stiegen mit zitternden Knien nach ihm hinunter und wieder hinauf. Von dem Gepäck hatten wir ja kaum noch etwas, in den zwölf Tagen mußten wir immer wieder einige Sachen irgendwo zurücklassen, weil wir einfach nichts mehr tragen konnten – außer uns selbst und den Kindern.

Als wir dann in der Stadt waren, sahen wir, daß es auf beiden Seiten der Straßen nur noch Ruinen gab, nichts stand mehr da von den Häusern, und dabei war ja Dresden vor dem Bombenangriff eine so schöne Stadt gewesen – das sagte immer wieder der Breslauer Schofför, der immer noch mit uns war.

Wir begegneten Leuten, die uns nach irgendwelchen Familien fragten, andere fragten uns nach ihren Kindern, Kinder fragten nach ihren Eltern, jeder, der vorbeiging, suchte jemanden, und da sagte uns jemand, daß jetzt alle arbeitsfähigen Männer zur Räumung eingezogen werden.

Als wir das hörten, gingen wir, den kürzesten Weg, über Schuttberge, so rasch wie möglich wieder hinaus aus dieser traurigen Stadt, denn das wollten wir nicht: hier bleiben und räumen, dazu hatten wir einfach nicht mehr die Kraft, außerdem waren wir ja auch Fremde und unser einziger Wunsch war, von hier fortzukommen – in die Heimat.

Außerhalb von Dresden fanden wir ein Haus, das nicht zerstört worden war, und als wir hineingehen wollten, sahen wir, daß es schon voll von Menschen war – alles Flüchtlinge, Ausgebombte, trostlose Gestalten, die überall auf dem Boden hockten oder lagen. Hier haben wir die Nacht verbracht und geschlafen.

Am Morgen fuhren wir dann nach Dietersbach. Das liegt etwa fünfundzwanzig Kilometer von Dresden. Dort gingen wir zu einem Bauern, um bei ihm zu arbeiten; dafür wollte er uns Kost und Quartier geben.

In Dietersbach sind wir dann bis Ende Juni geblieben. Was sollten wir auch anders machen? Überall war alles kaputt, und zurück in die Maramuresch konnten wir nicht, weil ja keine Züge verkehrten.

Dieser Bauer war übrigens froh, daß wir bei ihm wohnten und ihm halfen, denn er lebte mit seiner Tochter, deren Mann im Krieg geblieben war, allein. Frau hatte er keine mehr. Und es war viel Feld zu bewirtschaften.

Nach zwei Monaten ließen wir uns in Pirna Papiere machen – deutsch, englisch und russisch. Nun hatten wir wieder gültige Ausweise.

Am nächsten Tag führte uns der Bauer mit seinem Pferdewagen nach Dresden. Von einem provisorischen Kohle-Bahnhof am Rande der Stadt fuhr ein Zug nach Schönberg, wo ein Lager war. Dort sagte man uns aber, daß wir uns in Glauchau melden müssen, dort wäre die Grenze und nur von dort könnte man zurück in den Osten.

In Glauchau sind wir aber dann wieder ein paar Tage in einem Lager gewesen, und man wollte uns nicht weiterreisen lassen. Schließlich mußten wir wieder nach Schönberg zurück, ins Sammellager. Dort waren alle Nationen, die während des Krieges verschleppt oder, später, vertrieben worden waren. Sehr viel unterschiedliches Volk hatte sich da angesammelt. Das einzig Gute in diesem Lager war, daß man uns auch Essen gab; darum waren wir auch nicht mehr so verzweifelt – denn Hunger ist das Schlimmste, das hatten wir auf unserer langen Wanderung schon erfahren.

Eines Tages hieß es dann: einwaggonieren!

Wir schleppten uns, bepackt mit den wenigen Sachen, die wir noch hatten, vom Lager bis zur Station, die ziemlich weit war. Als wir dort ankamen, stand tatsächlich ein Zug dort, aber es war keine Lokomotive da. So mußten wir wieder warten.

Schließlich kam eine Lokomotive, und der Zug fuhr über Bautzen, Görlitz nach Frankfurt an der Oder.

Dort trafen wir sehr viele Zipser aus Oberwischau, die sich alle, aus verschiedenen Richtungen kommend, versammelt hatten, um mit der ersten Gelegenheit gemeinsam nach Hause zu fahren.

Nach einem Monat waren wir aber – diesmal von Frankfurt – wieder in Dresden und mußten nun durch die Tschechoslowakei zurückfahren. Wo wir hinkamen, haben wir uns immer als Rumänen ausgegeben, und den Kindern haben wir gesagt, sie sollen kein Wort sprechen, denn die Tschechen hatten damals eine große Wut auf die Deutschen, und ich glaube, es wäre uns schlecht ergangen.

So galten wir eben als Rumänen, die zurück nach Rumänien fuhren: über Brünn, Lundenburg, Preßburg, Budapest ... bis nach Sigeth. Von dort sind wir dann mit einem rumänischen Pferdewagen aus Isa bis nach Hause gekommen.

Das war im Oktober.

Ein Jahr vorher hatten wir uns auf den Weg gemacht, und jetzt standen wir wieder vor unserem Haus.

Unser Hund war noch da und bellte und heulte vor Freude, so, daß ich weinen mußte. Es war der erste, der uns begrüßte. (Mein Schwager hatte ja auf den Hof, so gut er konnte, aufgepaßt, alles war noch da, nicht wie bei anderen Häusern, die man inzwischen ausgeräumt hatte).

Dann haben wir uns langsam wieder eingelebt. In Unterwischau haben wir rumänischen Bauern in der Wirtschaft geholfen, es war schon Herbst und viel zu tun. Dafür bekamen wir ein wenig Milch, Mehl und was die Leute sonst uns noch geben konnten, denn viel hatten auch sie ja nicht, und Geld gab es damals hier überhaupt keines.

Die Liesl haben wir zu Hause gelassen, und wir sind in der Früh über den Berg nach Unterwischau gegangen, jeden Tag, zu Fuß, ob es regnete oder nicht, wir mußten arbeiten, doch es lohnte sich. Von den Rumänen bekamen wir auch Samen und Kartoffeln, und im nächsten Frühjahr, 1946, konnten wir auch wieder unsere Felder bestellen, Mais und Fisolen anbauen.

Gott sei Dank, wir haben die Flucht überlebt, wir konnten von vorn beginnen – soviel Kraft war uns geblieben, und wir waren wieder in unserem Wassertal …

Wenn ich heute, nach vierzig, nach einundvierzig Jahren, zurückdenk, so überkommt mich immer noch ein großes Staunen: Wie haben wir das alles überstehen können und woher hatten wir die Kraft?

Aber ich glaub, diese Kraft steckt in jedem von uns, weil wir von klein auf arbeiten mußten, weil das Leben uns schon so geformt hat. Die Zipserinnen haben es immer schwer gehabt, sie mußten die ganze Wirtschaft führen, die Kinder großziehen, aber auch Hühner, Schweine und Vieh besorgen, eine Zipserin kann sehr zärtlich ein, sie kann aber auch sehr hart und stark sein – wenn es sein muß, wenn das Leben es fordert.

Im Herbst 1947 ging dann unsere Liesl zum erstenmal in die Schule, aber damals gab es noch keinen Unterricht in deutscher Sprache (die deutsche Schule war während der ungarischen Besetzung, 1940–1944, aufgelöst worden, und so mußte sie in die ungarische Schule gehen). Dort beendete sie die siebente Klasse, und dann half sie mir im Haushalt, in der Wirtschaft und am Feld.

Als Liesl siebzehn war, hat sie den Tibi Nagy geheiratet (seine Mutter ist eine Zipserin, eine geborene Masselka, der Vater ist Ungar), dann war sie nur noch Hausfrau und hat sich um die Erziehung der drei Buben gekümmert (drei schöne große Buben hat unsere Liesl), die Rudolf (nach meinem Mann), Josef (Joku) und Tiberius (nach dem Vater) heißen.

Seit drei Jahren bin ich schon Urgroßmutter, denn der Rudi hat einen Buben, Adrian, und der Joku hat einen – Edward, ja, und unsere Liesl ist schon Großmutter.

Ihre Söhne haben aber alle eine höhere Schule besucht, sie haben studiert, und ich bin stolz auf meine Enkel.

Liesls Mann, der Tibi, ist ein sehr freundlicher und lustiger Mensch, aber auch sehr fleißig. Obwohl er einen schweren Beruf hat (er ist Kraftfahrer auf einem Laster) und oft auch von zu Hause längere Zeit fort ist, hilft er meinem Mann im Garten und Hof, arbeitet ständig, wenn er ein bißchen frei hat, und deshalb ist auch unser Hof so sauber und schön.

Rudolf Jachmannowsky und Tibi Nagy haben im Hof ihres Anwesens ein richtiges Glashaus gebaut, das sogar beheizt werden kann, und bald nach der Schneeschmelze blühen dort schon die Tomaten, sprießen Salat und Radieschen. Aber sie haben auch eine Wirtschaft, die sich sehen lassen kann – mit Schweinen, Hühnern, einer Kuh und einem Wolfshund –, die von Hedwig und Liesl besorgt wird. Der Jachmannowsky-Hof ist sicher der schönste oben im Tal, da herrscht Sauberkeit und Ordnung.

Und wissen S' warum? Weil mein Mann den ganzen Tag arbeitet – von in der Früh um sechs bis am Abend um acht. Er kann einfach nicht ohne Arbeit leben, das steckt so in ihm, er hat keine Ruhe, wenn seine Hände nicht etwas tun; so sind die Zipser, die haben keine faule Haut, auf die sie sich legen können.

Wie das Wiesengras im Wind
(Olga Brandtzierer)

Meine Großmutter, Olga Ableithner, war eine sehr kluge Frau; und bevor ich über mich erzähle, möchte ich zuerst einiges über sie sagen, weil sie in meiner Kindheit eine große Rolle gespielt hat. Also, meine Oma stammte aus einem deutschen Dorf, das jenseits der Theiß liegt – Königsfeld/Királymező. Von dort ist sie als kleines Mädchen mit ihren Eltern und Geschwistern nach Oberwischau gekommen. Ich glaube, ihre Mutter, das heißt meine Urgroßmutter, war ruthenischer Abstammung, denn mit dem Familiennamen hat sie Marmuschak geheißen.

Diese Verwandten aus der Königsfelder Gegend, die Marmuschaks, waren übrigens sehr merkwürdige Leute – nur einmal kamen sie zu uns, und ich weiß, daß meine Eltern über diesen Besuch nicht sehr erfreut waren, obwohl sie es nicht zeigten. Die Marmuschak-Männer trugen weite rote Hosen (an das kann ich mich noch genau erinnern, denn das hat mich damals sehr beeindruckt), die Frauen (das heißt, es waren auch einige Mädchen, etwas älter als ich, dabei) hatten alle blondes Haar, die Männer aber waren sehr dunkel und tranken unheimlich viel, weswegen immer einer irgendwo im Heu lag und seinen Rausch ausschlief. Nun, das waren die ruthenischen Verwandten von meiner Urgroßmutter, Therese Marmuschak.

Eigentlich wollte ich ja mit meiner Großmutter beginnen, die ich sehr geliebt hab, sie hieß nach ihrem ersten Mann, der früh gestorben ist (so daß ich nicht weiß, wie er ausgesehen hat), Kriechbaum – ein sehr lustiger Name; dann heiratete sie als Witwe noch einmal, wieder einen Deutschen, der vermutlich auch Holzfäller war, und der hieß Franz Dußzek. Auch nach diesem Mann (er verunglückte im Wald) blieb sie Witwe; ich glaube, mit drei oder vier Kindern. Sie heiratete dann noch ein drittes Mal, und hatte wieder kein Glück, die Arme, denn auch der dritte Mann, Josef Galna, wurde oben im Wassertal von einem Baum erschlagen.

Als ich am 8. Mai 1914 auf die Welt kam, hatte Großmutter gerade den dritten Mann verloren, und später pflegte sie zu sagen: Vielleicht wäre er im Krieg gefallen, und dann wäre ich auch Witwe geblieben, der Herrgott wird schon gewußt haben, warum er ihn kurz vor Ausbruch des Krieges zu sich genommen hat. So tröstete sich meine Oma über all den Kummer hinweg, den ihr das Schicksal reichlich bescherte; sie wußte, daß im Leben alles so verläuft, wie es verlaufen muß, und daran kann man nichts ändern.

Meine Mutter war vom Frühjahr bis zum Herbst den ganzen Tag über oben auf dem Bergfeld, der Vater arbeitete als Holzfäller im Wald, so daß ich Mutter nur am Abend sah und den Vater vielleicht alle zwei Wochen oder auch noch seltener, wenn er für einen Tag nach Hause kam.

Als kleines Marl wurde ich also von meiner Oma erzogen. Sie lehrte mich beten und sagte mir, warum ein Kind nicht zum Brunnen gehen darf: Turtn is tie Prunnkåtz, tie zieht tich hinunter!

Ich glaubte so fest an die Prunnkåtz, daß ich einmal meinte, sie tatsächlich gesehen zu haben. Großmutter hielt mich an der Hand, und ich durfte in den Brunnen gucken.

Siehst die Prunnkåtz, siehst ihre Augen funkeln? flüsterte sie mir ins Ohr.

Ja, sagte ich mit bebender Stimme und hatte furchtbare Angst.

Wenn ich mit Großmutter in den Wald ging, Himbeeren pflücken oder Schwammerl sammeln, dann zeigte sie mir die Höhle, in der die Waldmutter, die muma pădurii, wohnte. Sie erzählte mir auch von den Waldmandln, die in Erdlöchern, unter Baumstümpfen und in Felsspalten hausen. Die Waldmandl tun den Menschen nichts zuleid, sie treiben nur ihre Späße, vernarren die Dummen, verärgern die Faulen, die, anstatt Heu zu machen, auf der Wiese im Gras liegen und schlafen.

Eine große Rolle spielte auch die Mittagsfrau, eine Art Fee, die zu Mittag erschien, wenn die Sonne besonders stark brannte und die Schnitter weckte, wenn sie sich in den Schatten ausgestreckt hatten und ein Mittagsschläfchen halten wollten. Diese Faulenzer führte sie dann herum – über die Wiesen, durch den Wald, so lang, bis sie vor Müdigkeit umfielen; das geschah aber meist erst gegen Abend. Aus diesem Grund gab es bei den Zipsern, wenn sie auf dem Bergfeld arbeiteten, keine sogenannte Schlafpause. Zu Mittag aß man Brot und ein Stückchen Fleisch, trank kühles Quellwasser aus dem Krug, ruhte ein bißchen, aber man legte sich nicht schlafen, denn dann hätte einen die Mittagsfrau geweckt, die überall hinter den Bäumen lauerte.

Es gab dann auch die Waldweibl. Das waren wilde Frauen, mit langem Haar, die halbnackt durch die Gegend liefen und es besonders auf die Holzfäller abgesehen hatten. Wenn die nun abends nach getaner Arbeit in der Kolibn saßen und ihre Prinsntokan zubereiteten, so riefen die Waldweibl von draußen ihre Namen, zum Beispiel: Franzku, kumm heraus!, oder: Emu, kumm bei mir! Und wenn dann einer diesem Ruf folgte, wurde er die ganze Nacht durch den Wald herumgeführt, und erst gegen Morgen konnte er wieder zurück zur Baracke finden.

Manchmal sangen die Waldweibl auch; und jene, die sie gehört haben, erzählten, daß ihre Stimmen so fein und rein klangen, als wären es junge Mädchen. Also, ich hab nie ein Waldweibl gesehen, aber ich war ja auch nicht in den Zipser Holzfällersiedlungen oben im Wassertal, dort lebten zu jener Zeit nur Männer.

Was ich aber tatsächlich gesehen hab, war ein Bergalf. Das ist ein behaartes Wesen, das einem Affen ähnelt, aber sonst sich wie ein Mensch bewegt. Ob der Bergalf auch sprechen kann, weiß ich nicht.

Als mein ältester Sohn Emu (wir haben ihn auf den Namen Emmerich getauft), am 28. Mai 1932 geboren wurde, stand gerade das ganze Tal in Blüte, oben auf den Bergen aber lag noch Schnee. Ich hatte den Emu in die Wiege gelegt und war nur bis zum Hühnerstall gegangen, um zu sehen, ob da nicht frische Eier sind. Ich war also nur vielleicht drei, vier Minuten aus dem Haus weggewesen und hatte das Kindl allein gelassen, und in dieser kurzen Zeit ist es passiert: der Bergalf hatte sich durch die offene Tür in die Stube geschlichen und mir das Kindl aus der Wiege gestohlen.

Ich kam ins Haus und fühlte schon vor der Tür, daß etwas nicht stimmte, und da sah ich die leere Wiege. Heilige Mutter Gottes! Der Alf, der verfluchte, schrie ich. Aber dann erinnerte ich mich an das, was meine liebe gute Oma mir erzählt hatte, denn sie war eine kluge Frau und wußte in jeder Lage einen Rat (die Arme lebte nicht mehr, sie war 1928 gestorben). Ich bückte mich und suchte, bis ich auf dem Boden ein dickes schwarzes Haar fand, das hatte nämlich der Kinderräuber verloren (dem Alf fallen sehr leicht die Haare aus, aber es wachsen ihm immer wieder andere nach, so daß er nie ohne Fell bleibt). Nun hatte ich das Alfhaar, ging damit vorsichtig zum Sparherd und ließ es auf die heiße Platte fallen, dann lief ich geschwind hinaus und versteckte mich hinter dem Haus.

Es vergingen einige Minuten, und da hörte man ein furchtbares Jammern und Winseln, so, als würde jemand einen Hund schlagen. Das war der Bergalf, der herbeigelaufen kam, das Kind zurück in die Wiege legte und wieder in den Wald verschwand. (Wenn der Alf ein Kind zurückbringt, muß man sich verborgen halten, denn sonst erschreckt er sich und läßt es fallen.) Damals hab ich den Alf gesehen; er war dick und behaart.

Mein kleiner Emu, erst ein Monat alt, lag also wieder in der Wiege, ich nahm ihn in die Arme und weinte vor Freude, daß er mir nicht verloren gegangen war. Dann bereitete ich rasch ein Bad vor, denn ein Kind, das beim Alf war, muß man gleich baden und sauber machen, denn sonst bekommt es die Krätze oder eine andere Krankheit, die dieses Waldwesen mit sich herumschleppt. Gott sei gedankt, meinem Emu war nichts geschehen!

Emus Vater, Rudolf Kasparowitsch, war Flößer, ein sehr fescher Mann; groß, blond und unwahrscheinlich stark und geschickt. So stark, daß er mich in den Armen tragen konnte – wie eine Tokn oder wie ein Kindl – und so geschickt, daß er mich, kaum hatten wir uns beim Tanz kennengelernt, auch schon hinkriegte. Ich war damals siebzehn Jahre alt, also kein junges Marl mehr, sondern schon längst reif zum Heiraten, aber mit einem Mann hatte ich noch nichts gehabt, ich war Jungfrau.

Ich hätte es mit dem Rudi auch nicht getan, wenn ich

nicht so wahnsinnig neugierig gewesen wäre, wie das ist, wenn man mit einem Mann zusammenkommt. Alle Mädchen sprachen, kaum waren sie zwölf, dreizehn, nur noch von dieser Sache, alle wollten es erleben, aber sie hatten auch schreckliche Angst, schwanger zu bleiben. Kaum war eine unter die Haube gekommen, wurde sie bestürmt zu erzählen, wie es in der ersten Nacht war, die meisten jungen Frauen erzählten jedoch davon nichts, das heißt nichts Genaues – so oder so ist es geschehen, ich habe das oder das gefühlt. Sie hüllten durch Andeutungen und Augenzwinkern alles in einen Schleier, durch den man nur ungenau hindurchblicken konnte, und so war das, was mit Liebe und Männern zusammenhing, so unwahrscheinlich interessant für uns, daß wir Mädchen keine ruhige Zeit mehr hatten, obwohl wir vor den Männern so taten, als wäre uns an ihnen nichts gelegen; in Wirklichkeit aber zitterten wir wie das hohe Wiesengras im Wind.

Heute kann ich über diese Dinge sprechen, ich bin eine alte Frau, und wenn ich mich an jene Zeit zurückerinnere, dann find ich, daß alles sehr schön war – auch die Angst, schwanger zu bleiben, auch die vielen Verbote. Es war schön, daß es etwas gab, was man nicht tun durfte, etwas, was man noch nicht hatte, aber eines Tages bestimmt bekam. Dieses Vorgefühl war sehr schön, meine ich, und ich bedaure eigentlich die Mädchen von heute, die alles schon von klein auf dürfen und alles ausprobieren; was bleibt ihnen nachher noch, wenn sie alles schon vorher gemacht haben?

Nun, mein Emu war vom Kasparowitsch-Rudi, aber geheiratet haben wir nicht, weil er mich nicht mehr hat nehmen wollen. So hab ich einem Mansr das Leben geschenkt, einem sehr schönen Kind, und der Rudi schlief bei einer gewissen Bebu (mit dem eigentlichen Namen hieß sie Elisabeth Kaschuber); die war Witwe und auch nicht gerade die jüngste, na, etwa zehn Jahre älter als ich. Aber die Männer suchen ja immer Frauen mit Erfahrung, und deshalb ging der dumme Rudi zu der Bebu, die ja auch älter war als er. Kinder hatte die Bebu keine und bekam auch später keine, nur mich hatte es gleich beim erstenmal erwischt, denn nur einmal hatte ich es mit dem Rudi getan, nur einmal, und dann kam der kleine Emu auf die Welt.

Als Emu zwei Jahre alt war, lernte ich einen Mann kennen, der mir sehr gut gefiel. Er hieß Leopold Brandtzierer und sagte mir gleich von Anfang an: Mich stört es nicht, daß du ein Buberl hast, ich hab Kinder gern, auch wenn sie nicht von mir sind. Ich fühlte, wie ich rot wurde – bis über die Ohren, und eine merkwürdige Hitz saß mir plötzlich im Nacken, daß es mir beinahe schwindelte.

Ich weiß noch genau, wie es zum erstenmal mit dem Poldi war. Er besuchte mich an einem Sonntagnachmittag, nachdem wir vorher nach der Messe kurz gesprochen hatten. Ich wohnte damals im Häuschen, das einst meiner Großmutter gehört hatte. Als der Poldi zu mir kam, hatte ich den Tisch schön gedeckt, einen Marmorkuchen gebacken und aus einem jüdischen Laden eine Flasche Likör gekauft; außerdem hatte ich auf den Tisch eine Porzellanvase mit einem großen Strauß Blumen gestellt.

Poldi trat in die Stube und sagte als erstes: Scheene Plumen ßein das! Ach, ich war so froh, daß ihm die Blumen gefielen. Ich bat ihn, sich zu setzen, aber er sagte noch: Erscht mecht ich den Klaanen ßehn.

Ich führte ihn hinüber in die Stube, wo der Kleine gerade schlief (es war ja am Nachmittag), und dabei war ich furchtbar aufgeregt, wie sich Poldi nun verhalten würde. Er ging ganz nah ans Bettchen heran und lächelte. Gott sei's gedankt, er lächelte, also mochte er den Buben, ich war so glücklich.

Wir saßen dann am Tisch, er aß Kuchen, trank Likör und erzählte mir einiges aus seinem Leben – was das war, weiß ich heute nicht mehr. Ich erinnere mich nur noch, daß ich am ganzen Körper zitterte und immer dachte, der Poldi müßte das sehen.

Als er dann seine Hand auf meine legte, wurde es mir so heiß, daß ich mich kaum noch auf dem Stuhl halten konnte. Wie ich zum Sofa gekommen bin, ob er mich bis hin getragen hat, weiß ich nicht mehr. Ich weiß aber, daß ich mit Poldi am Sofa gelegen bin, und erst zu mir kam, als der Kleine im Nebenraum erwachte. Dann wurde mir auch klar, was geschehen war: ich hatte mich mit dem Poldi geliebt, und ich hatte dieses bißchen Liebe so dringend nötig gehabt, daß ich nachher keinen Augenblick so etwas wie Reue verspürte. Ich war froh darüber! Es war das zweitemal in meinem Leben, daß ich mit einem Mann geschlafen hatte. Wer es mir nicht glaubt, der soll es eben nicht glauben, aber es ist wirklich wahr!

Zwei Wochen lang dachte ich dann, ich könnte vielleicht schwanger geblieben sein, aber es war diesmal nichts.

Bald darauf haben wir geheiratet; Poldi war sechs Jahre älter als ich, er hatte schon einmal eine Frau gehabt, aber sich von ihr getrennt. Das war mir völlig wurscht, mit wem er vorher gelebt hatte, denn jetzt gehörte er ganz mir. Und ich muß sagen, es war sehr schön, mit zwanzig Jahren einen Mann zu bekommen, es war wunderbar, endlich eine Ehe führen zu können, und ich hab auch alles getan, damit sich Poldi wie im Paradies (Gott verzeih mir den Vergleich) fühlen soll. Wir waren sehr glücklich – aber nur acht Jahre lang.

Als im September 1939 der Hitler den Krieg begann, gab es viele Leute hier im Tal, die sagten: Gut macht er das, sollen die Polacken die Deutschen nur fürchten lernen, und am meisten lobte der Jotoschinsky, der auch mit der Deutschen Volksgruppe in Bistritz zusammenarbeitete, die Siege vom Herrn Hitler.

Nun, lang dauerte die Freude nicht, denn als man begann, die Burschen zur Waffen-SS einzuziehen und überhaupt zum Militärdienst, dann ließ auch die Begeisterung langsam nach, denn bald trafen die ersten Postkarten ein, auf denen die Namen der Toten gemeldet wurden. Auch der Sohn vom Jotoschinsky ist gefallen; auch von einem anderen großen Nazi, dem Wenzel Multitschka, sind zwei Söhne an der Ostfront geblieben.

Mein Poldi wurde auch zum Militär eingezogen und fiel in der Karpatenukraine, also nicht weit von seiner Heimat, aber erst vergingen zwei Jahre, bis man mir mitteilte, daß er tot war; lang hab ich immer noch gehofft und gebetet, daß er zurückkommen wird, aber es war zuletzt dann doch anders.

Vom Poldi hab ich noch zwei Söhne, der eine, Anton, kam 1936 auf die Welt, und der kleinere, Adolf, 1938. Sie können sich beide noch auf ihren Vater erinnern, als er 1942 einrücken mußte. Das ist vielleicht auch etwas, denn viele Kinder hier im Tal waren kaum ein Jahr alt, als ihre Väter in den Krieg zogen, oder andere kamen überhaupt erst auf die Welt, nachdem die Väter längst unter der Erde waren.

Poldi war von Beruf Elektriker gewesen – ein gutes Handwerk, denn er brachte immer Geld nach Haus. Damals begannen die Leute, in ihre Häuser Licht einzuführen, und man brauchte gute Fachleute; Poldi war der einzige hier, der die Genehmigung besaß, Installationen zu legen. Da kann man sich vorstellen, wieviel Arbeit er manchmal hatte.

An meinem einundzwanzigsten Geburtstag hat er mir ein Armband und zwei Ohrringel aus echtem Gold geschenkt; so etwas hatte damals niemand hier im Tal (außer der Frau von Pop Simon, dem Großgrundbesitzer, und vielleicht der Frau Oberförster Pairl). Wenn ich den Schmuck anlegte (er hatte ihn übrigens durch den Juwelier Fingerhut, der in der Großen Gasse ein Geschäft besaß, aus Sigeth bestellen lassen), also, wenn ich das Armband und die Ohrringel trug, dann gingen den Leuten die Augen über und alle fragten: Ssog, Olli, ßeins vun Gold? Ja, tie ßein vun Gold, antwortete ich stolz.

Den Schmuck hab ich auch heute noch (er wiegt nicht viel, aber es ist eine Erinnerung an Poldi), und in den schweren Zeiten nach dem Krieg, als ich mich allein mit den Kindern plagen mußte, hab ich ihn nicht verkauft. Ich hab geschuftet und mich geplagt, aber den Schmuck hab ich versteckt gehalten – im Keller, in einem Glas mit Hetschenpetsch. Wenn jemand gekommen wäre, um mich zu bestehlen, dort hätte er sicher nicht gesucht.

Das bißchen Gold konnte ich durch den Krieg und die Jahre nachher retten, meinen armen Poldi nicht, der mußte verderben – oben in der Ukraine. Ich hätte sofort alles hingegeben, alles, außer den Kindern, nur um den Poldi wieder zu haben. Aber der Herrgott hatte es halt so gewollt: soll ich mit dem Schmuck bleiben und den Mann verlieren.

So ist das Leben (meine arme Oma hat es ja auch nicht leicht gehabt, der sind gleich drei Männer weggestorben; mir nur einer, denn nach dem Poldi hab ich nicht mehr geheiratet, ich war ja auch nicht mehr so jung).

Mich hat aber der Herrgott dann noch eine harte Probe bestehen lassen: als mein Emu 1946, nach der großen Dürre, gestorben ist. Wenn ich damals nicht noch die beiden kleineren Buben gehabt hätte, wäre ich verrückt geworden – erst verlierst den Mann und dann den großen Sohn (er war vierzehn Jahre alt, hochgewachsen und blond, seinem Vater aus dem Gesicht geschnitten, ein fleißiger Bub, der mir viel half; er hatte gerade die siebente Klasse beendet – das heißt, der Unterricht war ja noch provisorisch, aber die Kinder gingen wieder zur Schule –, und da bekam er Scharlach und starb mir weg).

Ich hab mich abplagt, aber meine beiden Buben hab ich allein großgezogen – auch in den schweren Jahren nach dem Krieg.

Wir sind übrigens nicht nach Schlesien geflohen wie viele andere Zipser, ich hatte einfach nicht die Kraft, im Oktober 1944 alles liegen zu lassen und mit den drei Buben, von denen zwei ja noch klein waren – sechs und acht Jahre – davonzulaufen; komme, was kommt, hab ich mir gedacht und bin hiergeblieben, die anderen sind ja dann auch alle wieder zurückgekehrt – in die leeren Häuser, die man inzwischen geplündert hatte.

Der Toni und der Dolfi (ja, so hab ich sie genannt, als sie noch Kinder waren), die haben in die Schule gehen müssen, ich hab alles getan, damit aus ihnen etwas wird, denn ich wußte, wie wichtig es ist, daß der Mensch nicht nur fleißige Hände hat, sondern auch Bildung; die Bildung aber, die bekommt man nur in der Schule, denn zu Haus lernt man arbeiten, arbeiten und wieder arbeiten (als kleines Mädchen mußte ich die Gänse und später die Kühe hüten, dann der Mutter auf dem Feld helfen, das war immer so gewesen, und nur wer noch gern etwas lernen wollte, ging dann auch zur Schule).

Also meine beiden Buben sollten nicht nur ein Handwerk lernen, sondern auch etwas studieren (so hatte ich mir das immer gewünscht, damit ihr Vater, wenn er vom Himmel herunterschaut, stolz auf sie sein kann). So sind beide in die Grundschule gegangen, und später haben sie sogar das Lyzeum absolviert, und dann hab ich den großen auf eine Ingenieurschule nach Baia Mare geschickt und den kleinen auf das Pädagogische Institut. So ist der eine Bergbauingenieur geworden und der andere Professor. Sie sind also Studierte, aber wenn sie nach Hause kommen, dann sagen sie mir immer noch Küß-die-Hand-Mutter und sind eben meine Buberln.

Inzwischen haben beide geheiratet, ihre Frauen sind Zipserinnen, der Tonku hat eine Tochter vom Dietrich-Seppi, der auf dem Zweiten Berg wohnt (seine Frau ist eine geborene Daskalinsky), die Anna (wir sagen ihr Annzu), und der Dolfi, der kleinere, hat eine Tochter vom Adolf Tanassowitsch, der den Hof vom Tiegerschuch-Poldi im Fischtal übernommen hat, geheiratet; dem Dolfi seine heißt Hedwig, und ihre Mutter ist die Hedwig vom Adolf Kasomir, der oben im Wassertal, im Weiler Feinen gewohnt hat. Beide sind gute Frauen, und von beiden hab ich auch Enkelkinder – drei Buben und ein Marl (das Marl ist vom Adolf).

Als ich noch klein war, bin ich vier Jahre in die deutsche Schule gegangen und hab beim Lehrer Mühlbauer lesen und schreiben gelernt; dann mußte ich in der Wirtschaft mithelfen, und alles war aus. Meine Mutter hat gesagt: a Marl praucht ka Schule nit håbn, a Marl muß wissn, wie man Kindr kriegt – so ungefähr hat meine Mutter gesagt.

Aber die Oma war da ganz anderer Meinung, die hat mich immer dazu angehalten, Bücher zu lesen (sie sagte, das ist sehr wichtig, daß der Mensch Bücher liest), und dann hab ich mir zuerst vom Lehrer Mühlbauer und dann von Fräulein Breinesberger, die damals an den höheren Klassen unterrichtete, Bücher geborgt, und ich hab sehr viel gelesen – das war schön, wenn ich mit den Kühen oben auf der Alm war, im Gras lag und in einem Buch las. Manche Mädchen haben damals gesagt, ich sei ein bißchen verrückt, und als ich dann vom Kasparowitsch-Rudi mit dem Emu geblieben bin, hieß es: Ssigst, des ist, weil ßie aso viel studiert håt ...

Ich hab dem Adolf gesagt: wenn die Ließku groß ist (sie ist auf den Namen Elisabeth getauft), dann muß sie auch studieren, und natürlich auch der Bub, der Reinhold. Denn so ist es richtig: Die Kinder sollen mehr werden als die Eltern; aber sie dürfen darum nicht auf die Eltern, die vielleicht nicht so viele Jahre in die Schule gehen konnten, herabsehen, denn das Leben und alles, was sie bekommen haben, bevor sie aus dem Haus gegangen sind, verdanken sie doch den Eltern – nicht wahr? –, und das dürfen sie nicht vergessen!

Meine Buben wissen das, und darum bin ich stolz auf sie.

Daran kann man nichts ändern
(Katharina Rischkowitsch)

Im August 1917 kam Marie-Luise Rosnitschuk eines Abends von der Klaka nach Hause. Beim Sankt-Anton-Gäßchen, wo die Königsbergers wohnten, erblickte sie einen Mann. Erst dachte sie, es wäre ein Nachbar, plötzlich aber hörte sie ein Rauschen in der Luft und sah, wie der Mann immer größer und größer wurde. Nun wußte sie, daß dieses der »Schwarze« war, ein Verkünder von Unheil und Tod.

Die Rosnitschuk blieb stehen, schlug das Kreuz und wartete, um zu sehen, was der »Schwarze« mitzuteilen habe.

Als von seinen Händen – wie auch bei anderen Begegnungen – das Blut tropfte, hob er langsam den linken Arm und zeigte auf das Königsberger-Haus.

Dann löste er sich in Rauch auf und war verschwunden.

Am nächsten Morgen erzählte die Rosnitschuk, was sie am Abend erlebt hatte.

Die Vorhersage des »Schwarzen« traf ein.

Josefine Königsberger hatte schon zwei Kinder – Toni und Bebu, das heißt Anton und Elisabeth – und war achtzehn, als sie die Nachricht erhielt, daß ihr Mann, dreiundzwanzigjährig, in der Schlacht bei Warnitza Anfang September 1917 gefallen war.

Einen Monat vorher hatte er sie noch besucht, hatte Dach und Zaun repariert und ein bißchen nach dem Rechten geschaut, denn das Holzhaus stand schon seit sechzig Jahren; es war noch von seinem Großvater aus unbehauenen Rundstämmen gebaut worden.

Zum Nachdenken hatte die Königsberger-Fini nur nachts Zeit, denn von morgens bis abends war sie auf dem kleinen Bergfeld voll beschäftigt: der Mais mußte gebrochen, getrocknet und abgerebbelt werden, die Kartoffeln mußte man aus der Erde holen und im Handwagen hinunterführen, und da waren auch noch die beiden Kinder – Toni zwei Jahre und Bebu ein Jahr und ein Monat –, die Kuh mußte besorgt und gemolken werden, die Hühner gefüttert, das Schwein gemästet, die Stube gefegt, die Wäsche gewaschen, Essen mußte zubereitet werden für Menschen und Tiere. Nachts dachte sie darüber nach, wie das Leben mit Franz weitergegangen wäre ...

Es kam der Herbst, und da merkte Fini, daß ein drittes Kind unterwegs war. Sie betete zu Gott, er möge sie nicht noch mit einem dritten Kind segnen, nachdem er ihr den Mann genommen hatte. Doch Gott schien ihre inständigen Worte nicht zu hören, das Kind wuchs in ihrem Leib und erfüllte sie mit Furcht: Was würden die Leute sagen? Der Franz war schon längst tot, und nun kam plötzlich noch ein Kind von ihm auf die Welt, nachgeschickt, das Kind von einem Toten?

Fini Königsberger versuchte, sich das Kind zu nehmen. Abends, wenn die beiden Kleinen schliefen, setzte sie sich in das Holzscheppa, übergoß ihren Unterleib mit heißem Wasser und trank warmes Bier, in das sie geriebene Pfefferkörner gemischt hatte.

Das Kind ging nicht ab.

Es kam im Mai 1918 auf die Welt und war ein Mädchen.

Die Menschen tuschelten, doch die klügeren von ihnen rechneten nach und kamen zum Schluß, daß es tatsächlich ein Kind von Franz Königsberger sein könnte.

Der Priester taufte es auf den Namen Katharina, und man nannte es Kathku.

Mutter hatte mich nicht gewollt, und das bekam ich schon von klein auf zu spüren. Ich war vier Jahre alt, und ein Mann, Seppi Kaschauer, der uns damals oft besuchte und auch abends blieb, hatte ein Sackerl mit Nüssen mitgebracht. Mutter teilte die Nüsse in drei Häufchen. Mir gab sie aber weniger als meinen Geschwistern.

Warum bekomm ich nicht auch so viel wie der Toni und die Bebu? fragte ich.

Als Antwort kriegte ich Prügel, und meine Nüsse nahmen sich die beiden anderen.

Das habe ich nicht vergessen können, obwohl seit damals fünfzig Jahre vergangen sind.

Immer mußte ich, die Kleinste, die schwere Arbeit verrichten. Toni ging mit den Gänsen, Bebu trieb die Kuh auf die Alm, ich arbeitete in der heißen Sonne auf dem

Feld – von in der Früh um fünf bis abends um sechs. In die Schule gingen wir nur vom Herbst bis ins Frühjahr; aber lesen und schreiben haben wir trotzdem gelernt.

Mutter war mit achtzehn Witwe geblieben, und nach einigen Jahren, als wir Kinder schon größer waren, hätte sie wahrscheinlich auch gern wieder einen Mann gehabt. Doch die Männer, die zu Mutter kamen, blieben nicht lang: eine Nacht oder einige Tage, selten dauerte eine Beziehung Monate oder vielleicht sogar ein Jahr.

Jener Seppi Kaschauer lebte mit Mutter etwa ein Jahr zusammen, dann begann er zu trinken, wie ich später hörte, und sie warf ihn eines Tages einfach hinaus. Er ging, nicht ohne sie vorher zu beschimpfen.

So kam Mutter in schlechten Ruf.

Ein anderer Mann, Toni Nickelsky, behandelte uns so, als wären wir seine eigenen Kinder; ihn hatten wir sehr gern. Er wollte Mutter auch heiraten, aber sie nahm ihn nicht, weil er schon zweimal verheiratet gewesen und geschieden worden war, und das machte sie unsicher.

Dann kam eines Tages der Franz Muschinsky, ein großer und kräftiger Mann. Ich erinnere mich noch, wie er manchmal zum Spaß Mutter mit einer Hand hochhob und auf den Tisch setzte. Aber Franzi-Batschi, wie wir ihn nannten, trank gern. Und einmal kam er stockbesoffen nach Hause, verprügelte zuerst Mutter und dann uns.

Kaum war er eingeschlafen, rief sie einige Nachbarn, und sie trugen den schnarchenden Franzi hinaus vor das Tor. Wir hatten furchtbare Angst, daß er sich nachher an uns rächen würde, doch es geschah nichts.

Als er nach einigen Stunden erwachte, erhob er sich, ging weg und ließ sich nicht mehr blicken.

Länger blieb ein anderer Mann, der auch sehr gut aussah; er hieß Bernhard Rosnitschuk und war, so wie alle anderen, ebenfalls Flößer oder Holzfäller.

Als Bernhard-Batschi bei uns wohnte, war meine Mutter schon dreißig – also keine junge Frau mehr – und meine Schwester Bebu dreizehn. Eines Tages überraschte ihn Mutter mit der Bebu auf dem Schoß, dabei griff er ihr unter das Dirndl. Bebu lachte, es schien ihr zu gefallen.

Mutter sagte kein Wort, sie nahm einen Holzscheit vom Ofen und schlug damit auf den Mann los, daß dieser rasch das Weite suchte.

Seither hat Mutter dann nur ganz kurze Bekanntschaften gehabt, die Männer kamen und gingen, mit manchem ging auch sie gleich wieder fort und kam nach einigen Stunden allein zurück.

Was die Leute damals über meine Mutter redeten, hab ich viel später erfahren. Ich hab Mutter nicht geliebt, aber das gemeine Gerede hat mich doch sehr wütend gemacht. Sie war keine Hur, sie hat sehr schwer arbeiten müssen, auch für die verschiedenen Männer, die sie manchmal ins Haus nahm, und mich hat sie eben nicht gemocht, weil ich sie nach dem Tod des Vaters lächerlich gemacht hab – als ich dann doch auf die Welt kam.

Wie mein Vater ausgesehen hat, weiß ich nicht. Es gibt kein Foto von ihm. Einmal sagte Mutter: Er war ein so guter Mensch. Möglich, daß er ein guter Mensch war, ihre Ehe dauerte ja auch nur knappe drei Jahre.

Als ich gefirmt und vierzehn war, gab mich Mutter zu einem Schneider in die Lehre. Bebu hatte einen Automechaniker geheiratet und war in die Stadt gezogen, Toni arbeitete wie die meisten Zipser im Holzschlag.

Dieser Schneidermeister – er hieß Alois Melega und ist im letzten Krieg gestorben – hatte eine Frau, die seit vielen Jahren krank war und im Bett liegen mußte. Darum bat er mich, für ihn manchmal zu kochen. Ich tat es gern.

Als ich einmal in der Kuchl stand und wegen der großen Hitze das Blusrl ein bißchen geöffnet hatte, kam er unerwartet herein und packte mich von hinten. Zuerst wehrte ich mich, dann gab ich nach – weil ich auch so neugierig war zu sehen, wie das ist –, und wir taten es auf dem Küchentisch, während die Krumpirntokane anbrannte und zu rauchen begann.

Nachher sagte er mir: So ein Marl wie du gibt es nicht noch einmal im ganzen Tal. Und ich war sehr stolz auf dieses Lob. Dabei hatte ich auch festgestellt, daß das gar nicht so weh tat, wie manche Mädchen behaupteten. Im Gegenteil, es war sehr angenehm gewesen, und ich fühlte mich nun meinen Freundinnen gegenüber irgendwie überlegen, wenn sie von jungen Männern sprachen.

Mit Melega lebte ich dann so etwa vier Jahre zusammen, niemand ahnte etwas, nach außen hin behandelte er mich wie eine Angestellte. Auch seine Frau wußte nichts.

Einmal sagte er mir, daß er nach ihrem Tod mich gern heiraten würde. Doch die lag tagaus, tagein im Bett, ich bediente sie wie eine Magd, kochte auch für sie das Essen, und es schien ihr dabei nicht schlecht zu gehen, jedenfalls starb sie nicht.

Da lernte ich eines Tages den Toni Rischkowitsch kennen. Ich war damals neunzehn; Toni war auch neunzehn und sollte gerade zum Militär. In den Toni hab ich mich verliebt, so stark, daß ich es mit dem Melega nicht mehr tun konnte. Ich hab es ihm auch gesagt, und da hat er gemeint, ich soll mir eine andere Stelle suchen, denn er will eine Arbeiterin haben, die nicht nur nähen und kochen, sondern auch was anderes kann.

Ich hatte aber schon gut schneidern gelernt, und da ging ich weg und arbeitete zu Hause. Eine alte Nähmaschine bekam ich von meiner Firmpatin geschenkt.

Toni war sehr groß und blond; er hatte blaue Augen und konnte schön singen, alle alten Zipser Ssangl waren ihm bekannt, und er begleitete sich dazu auf einer ruthenischen Balalaika. Viele Mädchen hätten ihn gern gehabt, sie hätten sich mit ihm hingelegt, doch er hatte nur für mich Augen, und ich war so glücklich, als er mich dann einmal zu sich in den Heuschuppen nahm und mich dort liebte.

Als er nach zwei Jahren vom Militärdienst zurückkehrte, fragte er mich eines Abends, ob ich seine Frau werden möchte. Ich hätte schreien können, so hat mich die Frage gefreut, aber ich sagte nur – weil es sich so für ein Marl schickt – mit leiser Stimme: Ja, Tonku.

Dabei war ich damals schon ein altes Mädchen – einundzwanzig Jahre! Meine Freundinnen waren fast alle längst verheiratet und hatten Kinder.

Am 20. August 1940 kam unser Adolf auf die Welt. Meine Mutter sagte mir damals: Wann willst du noch Kinder machen, du bist ja schon zweiundzwanzig.

In jedem Jahr werd ich ein Kind kriegen, Mama, antwortete ich ihr, und erst wenn es vier sind, hör ich auf, dann hab ich eins mehr wie du.

einer Genossenschaft für Schneiderei gearbeitet; dann ging sie mit fünfundfünfzig in Rente. Sie hat vor kurzem eine Eigentumswohnung in einem neuen Block gekauft: zwei kleine Zimmer, Küche, Bad. Alles ist eingerichtet; Kühlschrank, Fernseher und Waschmaschine fehlen nicht. Das Handwerk hat eben immer noch goldenen Boden.

Adolf ist Bautechniker geworden, er hat eine Meisterschule besucht und wird studieren. Heiraten will er erst nach Beendigung der Hochschule, wenn er das Ingenieurdiplom in der Tasche hat.

Als das große Wasser kam
(Helene Stadler)

Wenn ich heute so zurückdenk, wie mein Leben verlaufen ist, dann müßte ich eigentlich froh sein, und ich dürfte auch nicht klagen, denn Gott hat uns auch viele schöne Tage gegeben – freilich auch viel Kummer (die Jahre vor dem Krieg, die Jahre nach dem Krieg, ja, einfach war das nicht, aber wir haben unser Los getragen, denn was einem beschieden ist, soll man hinnehmen, das Gute wie auch das Böse, die Freude wie auch das Leid ...).

Als ich geboren wurde (das war am 24. April 1926, im Wassertal, oben in einem kleinen ruthenischen Dorf, Neuwetz, wo damals auch einige Zipser Familien lebten), ging gerade ein furchtbares Gewitter nieder. Ich war das erste Kind, meine Mutter hatte ein Jahr vorher den Ignaz Hornscholler geheiratet und war erst fünfzehn Jahre alt. Sie schrie und schrie, während es draußen blitzte und krachte. An ihrem Bett standen eine Hebamme, die Iwanka Kraßnojarska, meine Großmutter, Marie Endhaller, und meine Tante, eine Schwester meiner Mutter, Katharina Gutzenyuk (das alles hat mir Mutter später erzählt – bevor ich gefirmt werden sollte; sie hat damals gesagt: Lenku, merk tir tes, weil tes is a Stick vun teinem Lebn!).

Mein Vater saß draußen im Stall, hatte eine Flasche Schnaps in der Hand, trank und betete.

Kumm, Nazi, håst a scheenes und g'sundes Marl! rief Kathku-Tante in den Regen. Im Stall rührte sich nichts. Kathku setzte den Strohhut auf und lief barfuß durch die Pfützen nach hinten in den Hof.

Kumm, Nazi! rief sie, faßte den wankenden Vater an der Hand und brachte ihn in die Stube.

Warst rot wie a klaani Fuxn, sagte einige Jahre später Vater, abr freit håb mich, weil tu warst jå tie erschti!

Als der Waldarbeiter Ignaz Hornscholler nach der Schneeschmelze im Mai 1941 von einem Baum erschlagen wurde, hatte seine Frau Barbara zwei Wochen vorher einen Jungen, Heinrich, geboren. Dieses war das elfte

Kind. Hornscholler hatte es noch nicht gesehen, und (so erzählten später seine Arbeitskollegen) das Unglück sei deshalb passiert, weil Hornscholler, aus Freude über seinen zweiten Sohn, am Abend vorher ziemlich viel getrunken hatte, und so konnte er am nächsten Tag nicht rasch genug beiseitespringen, als der angesägte Baum umstürzte.

Das war an einem Freitag. Man legte ihn auf einen Wagen und führte ihn hinunter nach Neuwetz, wo sich die zahlreiche Familie am Wochenende auf seine Ankunft freute – freilich ohne zu wissen, daß er schon tot war.

Barbara hatte seine Lieblingsspeise, Haluschken mit Sauerkraut, gekocht, und die fünfzehnjährige Lenku war bis nach Wischau gegangen, um dem Vater eine Flasche Schnaps zu besorgen.

Man kann sich den Kummer vorstellen, als Freitagnachmittag der Pferdewagen vor dem kleinen Holzhaus hielt und der Flößer Franz Andreja die Mütze vom Kopf nahm und in die Kuchl trat, wo Barbara am Herd wirtschaftete.

Als Mutter den Franzi so dastehen sah, mit der Mitzn in der Hand, wußte sie gleich, daß etwas passiert war.

Wås is, Franzi, håts ten Nazi derwischt?! hat sie geschrien.

Der hat nur genickt und ist wortlos wieder hinaus gegangen.

Meine arme Mutter hat zuerst gar nicht weinen können, sie ist auf die Straße zum Wagen gegangen, sie hat das Tuch hochgehoben, unter dem er lag, ihn angesehen, kein Wort gesagt und ist wieder ins Haus hinein. Dort hat sie sich an den Tisch gesetzt, den sie für uns alle schon gedeckt hatte, und ist so gesessen.

Ich weiß nicht, wie lang sie dort war, denn ich bin bis zum Kilometer Sechs gelaufen, wo die Siedlung Milinjaska liegt; dort wohnte nämlich meine Tante Katharina.

Die war aber weiter unten im Dörfchen Balmenthal, und so mußte ich bis hin laufen. Schließlich fand ich sie bei einer ruthenischen Bäuerin, von der sie Küken kaufen sollte.

Kathku-Tante, ter Tata is tot! rief ich und begann auch gleich zu heulen.

Sie nahm mich an der Hand, und wir liefen beide zurück nach Hause, wo schon viele Nachbarn herumstanden. Jemand hatte Vater in die Stube getragen (das Haus hatte nur eine große Kuchl und eine Stube) und aufs Bett gelegt.

Mutter saß noch immer am bedeckten Tisch, es roch nach verbranntem Essen, es schien aber so, als würde sie das alles nichts angehen, sie hatte einen ausdruckslosen Blick.

Erst als sie ihre Schwester Kathku sah, erhob sie sich, die beiden umarmten einander, und Mutter begann laut zu weinen, gleichzeitig heulten auch meine kleinen Geschwister los, so daß Kathku sie zuerst alle hinaus in den Hof schickte. Dann aber plärrte plötzlich der Heini, der ja erst zwei Wochen alt war, und den man bis dahin in seiner Wiege im Eck neben dem Ofen gar nicht beachtet hatte.

Eine Nachbarin, die Reßku Schitzer, nahm den Kleinen zu sich und fütterte ihn mit einer Zuzlflaschn, die sie noch von ihrem Jüngsten hatte (der war damals gerade etwa drei Jahre alt).

Was soll ich noch sagen?

Vater wurde am Montagnachmittag auf dem katholischen Friedhof unten im Dorf, das heißt oben auf dem Berg, begraben.

Den weiten Weg, etwa elf Kilometer, legten wir zu Fuß zurück, Vater lag im Sarg auf einem Pferdewagen und oben saßen Mutter, Kathku, meine andere Großmutter, Anna Stanislaus (die Marie-Großmutter war schon gestorben), und eine Nachbarin, Helene Kasomir. Alle anderen aus der Siedlung gingen zu Fuß und beteten den Rosenkranz.

Ja, meine beiden kleinen Schwestern, Traute und Roswitha, die vier beziehungsweise zwei Jahre alt waren, hatte Mutter zu einer Nachbarin gebracht, und Heini war immer noch bei Frau Schitzer.

Es war ein weiter und trauriger Weg, den wir zurücklegen mußten, während die Sonne brannte und oben an den Berghängen überall die Obstbäume im Blütte standen. Dabei mußte ich immer denken: wie schön wäre es gewesen, wenn Vater noch ein bißchen gelebt hätte – wenigstens zehn Jahre, bis auch der kleine Heini ein richtiger

Bub ist. Aber wenn Er etwas tut, dann fragt er dich nicht um deine Meinung, denn du bist nur ein dummes menschliches Wesen, und wir müssen alles, was uns gegeben ist, hinnehmen.

Als Ignaz Hornscholler im Sommer 1925 die Barbara geborene Tierheimer aus dem Weiler Fischthal heiratete und mit ihr in sein leerstehendes Vaterhaus hinauf ins Tal nach Neuwetz zog, war er zwanzig und sie war vierzehn.

Mit fünfzehn bekam sie das erste Kind: Helene (Lenku); ein Jahr darauf, 1927, folgte die zweite Tochter, Therese, 1928 Katharina (Kathku), 1930 Barbara (Bärbl), 1931 Anna (Annzu), 1932 Franziska (Zisku), 1934 Maria (Marisch), 1935 ein Junge: Josef (Joku), 1937 Traute (Traudi), 1939 Roswitha und 1941, als Ignaz mit sechsunddreißig Jahren im Holzschlag verunglückte, war gerade Heinrich, der zweite Sohn, geboren worden.

Barbara Hornscholler, dreißig Jahre alt, blieb mit elf Kindern Witwe. Freilich, die größte Tochter, Helene, war bereits fünfzehn, und Kathku knapp vierzehn, aber es mußten täglich zwölf Mäuler gefüttert werden, von denen eines etwa zwei Wochen alt war.

In ihrer Verzweiflung ging Barbara zum reichsten Mann des Tales, dem Großgrundbesitzer Pop Simon, dem auch die großen Wälder gehörten, in der Hoffnung, eine kleine Rente zu bekommen.

Die Mama ist also an einem Morgen, schön angezogen wie zur Messe, hinunter ins Dorf gegangen – zum Platzl, wo die Villa des Pop Simon stand. Vorher sagte sie mir noch: Er wird uns sicher helfen; mit »er« meinte sie den Pop Simon.

Mutter geriet aber an den Verwalter Géza Spániol, der wegen seines Hasses gegenüber uns Zipsern bekannt war, und Spániol hätte sie beinahe mit der Hundepeitsche hinausgejagt.

Ihr seid keine Menschen, ihr Zipser, rief er ihr nach, ihr seid Hasen oder Hunde, nur die werfen so viele Junge! Machts Kinder, aber kommt dann nicht jammern!

Weinend ging Mutter hinüber ins Pfarrhaus (das liegt auf der anderen Straßenseite), aber der Priester (ich will seinen Namen nicht nennen) konnte ihr nichts anderes als schöne Trostworte geben, und was meine Mutter damals brauchte, war echte Hilfe, keine Sprüche.

Zu Mittag stand sie vor unserem Tor und blickte über den Zaun wie eine Fremde.

Mami, Mami! riefen die Kleinen, die im Hof spielten, während ich in der Küche beschäftigt war. Mutter kam ins Haus und sagte nur: S is g'wesn amsunst.

Ich wußte nun, daß sie beim Pop Simon nichts erreicht hatte und stellte weiter keine Fragen. Später erzählte sie mir dann auch, wie der Spániol sie davongejagt hatte.

Das war Ende Mai. Ein Gewitter sagte sich an, im Tal war es so heiß, daß man die Luft mit dem Messer hätte schneiden können, wie die Zipser sagen.

Gegen Abend kam ein Sturm und dann ein Wolkenbruch. Wir Kinder drängten uns an den beiden kleinen Stubenfenstern, um möglichst viel von dem zu sehen, was draußen vor sich ging; Mutter war in der Küche und bereitete das Abendbrot vor.

Schließlich ließ der Regen nach, doch das Wasser stieg immer höher, und als es die Hängebrücke unterhalb der Station wegriß, rief ich: Kumm, Mami, tie Pruckn is weg'rissn! Aber da merkte ich, daß Mutter gar nicht mehr in der Kuchl war...

Mami, wu bist? rief ich.

Mutter war verschwunden.

Im Regen lief ich zur Nachbarin, Bebu Allerdörfer, die im Nebenhaus mit ihrem einarmigen Mann wohnte. Die kamen, und wir suchten und schrien nach Mutter. Sie war weder im Schopfen noch im Stall, wir suchten sie überall, während es zu regnen aufhörte und der Wasserfluß, schmutzig, braun, sich dröhnend ins Tal wälzte und Bäume und Äste wegschwemmte.

Schließlich erblickte jemand Mutter. Sie saß auf dem Grußn Stajn, nahe am Fluß und starrte hinunter, die Fluten aber reichten bis zu ihren Füßen.

Mami! schrie ich, so laut ich konnte, aber sie schien mich nicht zu hören.

Ich hatte plötzlich eine so starke Angst, es könnte etwas Furchtbares passieren.

Mami, Mami! schrie ich wieder.

Und der alte Wereptschuk (das heißt, er dürfte damals

so bei fünfzig herum gewesen sein) rannte als erster zum Grußn Stajn und riß Mutter herüber ans Ufer.

Als wäre sie betrunken, ließ sie sich von ihm nach Hause führen, während alle Einwohner (Zipser und Ruthenen) auf der Straße standen und über den Vorfall sprachen. (Zu Hause merkte ich, daß Mutter tatsächlich ein bißchen rauschig war, sie, die nie ein Schluckerl Schnaps vorher in den Mund genommen hatte, wahrscheinlich wollte sie sich »a Kurasch kriegn«, wer weiß, ich war so aufgeregt, daß ich weinte und lachte, weil Mutter uns doch nicht verloren gegangen war, denn sonst hätte ich, mit fünfzehn Jahren, ihre Stelle einnehmen müssen, und einen Mann hätte ich mit zehn kleinen Geschwistern wahrscheinlich nicht bekommen.)

Mutter war eine sehr schöne Frau, doch für sie fand sich, obwohl sie bei Vaters Tod erst (oder soll ich *schon* sagen?) dreißig gewesen war, kein richtiger Mann mehr; alle, die sie so hatte und die sich um sie ein bißchen kümmerten, waren nur Wåndrvogln, das heißt, sie lebten einige Zeit bei ihr (und mit ihr) und dann suchten sie eines Tages wieder das Weite.

An einen dieser Männer kann ich mich besonders gut erinnern, denn er war von Beruf Klausbaumeister und bei der Talsperre beschäftigt, die man damals oben im Bottisoller Tal errichtete. Er hieß Franzi Kalik und konnte wunderschön singen, er hatte eine herrliche Stimme, und wenn er abends nach Hause (*zu uns* nach Hause) kam, setzte er sich auf die Stiege vor die Kuchl, nahm eines der Kleinen aufs Knie und sang lange, schwermütige Lieder aus seiner böhmischen Heimat.

Mutter hatte keine Zeit, um mit uns Kindern vor dem Häusl zu sitzen, sie war immer in der Küche oder im Garten beschäftigt, aber Franzi-Batschis Ssangl hörte man auch bis dorthin, und der alte Petraschtschuk, und die Olga-Néni Windkron, die Zeppelzauer-Kathku, der Mraz-Seppi und alle unsere Nachbarn, sagten jedesmal: Ter Franz ßingt aso scheen, man mecht kinnen weinen!

Eines Tages erschien Franz-Batschi nicht mehr, und nun weinte Mutter in der Kuchl, während sie im großen gußeisernen Kessel die Petura anrührte. Wir Kinder aber saßen am Abend auf dem Bankl vor dem Haus und dachten an die Zeiten, als es noch den Franzi gab.

Es war dann noch der Sohn vom Winkler-Rudi-Batschi, Joku, der bei uns einige Zeit verkehrte, aber da sorgte schon der Alte, daß keine ernste Verbindung zustande kam, denn der Joku-Batschi war viel jünger als Mutter, und wer hätte schon eine Witfrau mit elf Kindern genommen? Höchstens ein Kriegsinvalide (solche gab es mehrere im Tal) oder ein anderer Pflegebedürftiger, doch an solchen Männern war Mutter nicht interessiert; sie brauchte einen in ihrem Alter, und gerade so einen gab es weit und breit nicht.

Die Jahre vergingen, Mutter wurde sehr rasch alt, und wir heirateten der Reihe nach.

Zuerst heiratete meine Schwester Reßku, die ein Jahr jünger ist als ich. Obwohl sie ein sehr hübsches Mädchen war mit ihren dicken blonden Zöpfen und den großen dunkelblauen Augen (und schlank war sie auch noch, nicht dick wie die meisten Rutheninnen oben im Tal), konnte sie nicht viel wählen, denn eine Mitgift bekam sie nicht (keines von uns Mädchen hat eine Mitgift erhalten, und so mußten wir eben den Mann nehmen, der sich unserer erbarmte).

Reßku heiratete, kaum sechzehn, 1941, den zehn Jahre älteren Holzfäller Franz Bendig, der unten in der Siedlung Oblasen ein kleines Holzhaus besaß, das er von seiner Großmutter geerbt hatte. Sie zog, gleich nach der Trauung, hinunter – ins eigene Haus. Auf den ersten Blick schien sie eine gute Partie gemacht zu haben, aber Franzi trank viel, und wenn er Samstag aus dem Wald nach Haus kam, verprügelte er sie regelmäßig. Mehr weiß ich nicht über Reßku zu berichten, außer – sie hat vier Kinder auf die Welt gebracht: zwei Mädchen und zwei Buben; jedes Jahr kam eines.

Als Franz im Alter von neunundzwanzig einen Unfall hatte und starb, heiratete sie noch einmal: den Maurermeister Josef Plenitz, der ebenfalls viel trank, sie aber nicht schlug – so hatte sie es diesmal besser getroffen.

Dann heiratete Bärbl, die viertgrößte von uns, 1944, erst vierzehn Jahre alt. Sie nahm einen Witwer, den Kirchendiener Jakob Faltin, zum Mann, ein sehr frommer

Mensch, der immer vom Herrgott spricht, dafür aber furchtbar geizig ist. Er ist so geizig, daß meine arme Schwester sieben Jahre lang sich kein Kleid kaufen konnte. Sie kam dann eines Tages zu uns, und Mutter gab ihr irgendeinen alten Fetzen, ein abgelegtes Stück aus der Truhe, das vielleicht einmal meiner Oma gehört hatte, und daraus nähte ihr die Kathku Breinesberger, die nebenbei auch schneidert, einen Kitu.

Jakob-Batschi hat nichts dagegen, wenn Bärbl sich neue Kleider anschafft, es soll nur nichts kosten. Die Breinesberger ließ sich die Arbeit mit Eiern oder mit Schafkäse bezahlen. Eier hatten wir genug von den vielen Hühnern, und Käse schenkte uns der alte Wereptschuk.

Im selben Jahr heirateten noch drei von uns, Kathku (den Holzarbeiter Bernhard Apatzky), Anna, die kleine Annzu, sie war erst dreizehneinhalb, (den Flößer Emmerich Domin) und ich einen unehelichen Sohn des Tischlers Franz Josef Ottschowsky, Gottfried, der leider nicht das Handwerk seines Vaters gelernt hatte und nach seiner Mutter Hantzig hieß).

Keine von uns hatte Glück.

Bernhard wurde zur Waffen-SS eingezogen, starb zwei Monate später an der Ostfront, die sich damals schon nahe an unserer Landesgrenze befand, und Kathku brachte vier Monate später den kleinen Adolf auf die Welt.

Annzu war schon im vierten Monat schwanger, als der Emmerich sie zum Altar führte, und nur der Pfarrer und wir wußten, wie es um sie stand, denn sonst merkte man nichts. Der arme Hardi war auch bei der Waffen-SS und hatte, um heiraten zu können, zwei Wochen Urlaub bekommen.

Er fuhr dann nachher zurück zu seiner Einheit hinauf nach Ungersmarkt in die Karpatenukraine und kam nicht wieder nach Hause. Er ist vermißt, doch vielleicht liegt auch er irgendwo in der fremden Erde.

Annzu bekam einen Jungen, den sie Baldur taufte, nach dem damaligen Reichsjugendführer Baldur von Schirach, denn Emu war vorher bei der Hitlerjugend gewesen, und diesen Namen hatte er sich gewünscht. Der ungarische Beamte trug den Namen mit einem Strich auf dem »a«

(Báldur) in die Taufmatrikeln ein, so daß man nach dem Krieg sagte, der Bub sei ein Ungar.

Ich heiratete also in der ersten Ehe den Waldarbeiter Gottfried Hantzig, ein guter Mann, sehr fleißig und immer lieb zu mir, obwohl ich ja achtzehn war und etwas älter als die anderen Mädchen, die damals kurz vor Kriegsende noch rasch heirateten, um dann nachher Witwen zu bleiben. Leider fuhr mein Friedi eines Tages mit den Soldaten hinauf zum Lazarett (genauer gesagt, es war im September 1944, als die Russen oben im Wassertal angriffen; die Deutschen hatten im Wald in einer Höhle ein Feldlazarett eingerichtet), das Motorrad kippte um und Friedi war auf der Stelle tot. Den Soldaten aber fehlte nichts.

So gab es im Oktober 1944, als viele Zipser vor den anrückenden russischen Truppen flohen, bei uns im Häusl vier junge Witwen: Kathku, Annzu, Reßku (ihr Mann, der Franzi, war wegen eines Lungenleidens nicht eingezogen worden und starb bei einem Unfall, das heißt, er fiel von der Leiter und brach sich das Genick; das kleinste Kind, ein Bub, kam erst sechs Monate später auf die Welt), ja, und dann war ich, achtzehneinhalb Jahre alt, keine Kinder, Witfrau des Gottfried Hantzig.

Als Friedi am 25. September 1944 starb, wußte ich noch nicht, daß ich ein Kind von ihm erwartete. Die Übelkeit und alles, was nachher kam, dachte ich, sei von den vielen Aufregungen (die russischen Truppen waren durch Wischau gezogen, wir hatten uns versteckt; nachdem aber die meisten Einwohner von Neuwetz Ruthenen waren, geschah uns nichts, aber Angst hatten wir trotzdem).

Mutter war damals dreiunddreißig Jahre alt, und eines Tages, als ich im Hof Schnee kehrte, blickte sie mich so seltsam an und sagte: Lenku, tu pißt schwångr!

Ich war sprachlos! Jesus-Maria, jetzt in diesen Zeiten ein Kind, ein Kind vom Friedi, das war mein erster Gedanke – was mach ich mit einem Kind?!

Tes is nit wåhr, Mami! rief ich.

Tes is *ja* tie Wåhrheit! erwiderte sie, nahm mich in die Arme und drückte mich an sich, während ich wie ein kleines Mädchen heulte. Ein Kind vom Friedi, ein Kind vom toten Friedi ... ging es mir die ganze Zeit durch den Kopf.

Am 3. Mai 1945 kam mein erster Sohn, Hermann, auf die Welt. Es war ein sehr schöner Frühling, obwohl das Dorf unten im Tal wie ausgestorben dalag: Die meisten Zipser waren geflüchtet, und sie kehrten erst im Oktober wieder zurück, freilich in die leeren Häuser, denn inzwischen hatte man alles, was nicht niet- und nagelfest war, fortgeschleppt.

Oben in Neuwetz und in den meist von Ruthenen und Rumänen bewohnten Siedlungen um Balmenthal und Schradenthal, bis hinauf nach Kuselwies war es ziemlich friedlich, obwohl draußen in der Welt noch Krieg geführt wurde; davon merkte man aber hier zwischen den hohen Bergen eigentlich nichts.

Nach Kriegsende heiratete als erste meine Schwester Zisku – einen Ruthenen, der sich jedoch früher zu den Deutschen gezählt hatte: Reinhold Michailizsidowitsch (sein Vater hieß Bernhard Michailischidowitsch; er schrieb seinen Namen mit »sch« in der Mitte, so wie es sich gehört).

Reinhold sprach fließend deutsch, er hatte oben in Rauhau, als sich die Familie dort etwa zehn Jahre lang aufhielt, die deutsche Schule besucht. Jetzt aber zählte er sich zu den Ruthenen beziehungsweise Ukrainern, und ich finde, das war gut so, denn auf die Deutschen war man wegen dem Hitler überall sehr schlecht zu sprechen. Später zog er dann aber nach Deutschland und änderte seinen Namen um; jetzt heißt er Reinhold Michels.

Maria heiratete 1954 einen Ungarn, Czeininger Dezsö, der aus Rohnen zugewandert war. Die Ehe ging nicht gut, Marisch war zweiundzwanzig, als Dezsö sie wegen einer achtzehnjährigen Friseuse verließ, und dann heiratete sie mit fünfundzwanzig wieder einen Ungarn, den Czimmermán Jancsi, dessen Vater nach 1940 sich den deutschen Namen Zimmermann madjarisiert hatte, weil er bei der Bahn in Sigeth arbeitete. Doch auch diese Ehe ging bald in Brüche, und dann blieb Marisch allein.

Im Jahr 1956 heirateten meine beiden jüngsten Schwestern, die Traute (mit neunzehn) und die Roswitha (mit siebzehn). Beide hatten Glück: die Traute mit dem Adolf Onofritschuk, dessen Vater, Edmund Onofritschuk, sich in der Deutschen Volksgruppe sehr hervorgetan hatte und deshalb von der Flucht nach Oberschlesien nicht mehr zurückkehrte und in Westdeutschland blieb, wo er auch heute noch lebt, und die kleine Roswitha den Alfred Reißenbichler, der nur zwei Jahre älter ist als sie und damals gleich zum Arbeitsmilitär eingezogen wurde.

Ja, beinahe hätte ich auf meinen Bruder Joku vergessen; der hatte ein Jahr vorher, 1955, die jüngste Tochter vom Schuster Enggässer Emu-Batschi, die Olga, geheiratet. Tie Olgu, weißt, pflegte er zu sagen, tie macht aso khude Håluschken, wie tie Mama håt mächt frieher. Frieher – das war die Zeit bis 1944, als es noch genug Mehl gab, denn in den fünfziger Jahren waren ja die Lebensmittel noch auf Kartelle und rationiert.

Die Olgu hat also dem Joku weniger mit ihren schönen Beinen den Kopf verdreht, sondern mehr (das sag ich ohne bösartig zu sein) mit dem Kochlöffel, denn damit konnte sie gut umgehen. Inzwischen haben sie auch einen Sohn, der, nach unserem Tata, den Namen Ignaz bekommen hat. Ignaz ist kein moderner Name, aber es ist ein deutscher Name und darum waren auch alle einverstanden, daß wir den ersten Hornscholler-Buben nach seinem Großvater taufen.

Nun, Heinrich, ter klaani Heini, der gerade zwei Wochen alt war, als unser Vater starb, der hat noch nicht geheiratet, der arbeitet in Sigeth und ist Ingenieur. Ja, der Heini hat studiert – in Neustadt hat er die Ingenieurschule besucht.

Tu, wånn willst heirådn? hab ich ihn gefragt.

I waaß nit, hat er gesagt, i muß jetzet noch viel pei tie Marln studiern.

Ja, so einer ist der Heini, ein Schürzenjäger, aber eines Tages wird es schon auch ihn erwischen.

Im Mai 1945 war also mein Hermann geboren worden, mein armer Bub, der auf die Welt kam, als sein Tata schon längst tot war.

Zuerst dachte ich: du wirst nicht mehr heiraten, denn einen so guten Mann wie den Gottfried wirst du nicht mehr finden, und außerdem: wer braucht in dieser schweren Zeit eine Witwe mit einem kleinen Buberl? Niemand, denn jeder hat genug mit seinen eigenen Sorgen.

Na, so vergingen einige Jahre, ich arbeitete in einem

Magazin, wo die Lebensmittel für die Holzarbeiter gelagert wurden, und dort verrichtete ich die Schreibarbeit (denn ich hatte 1933–1936 die deutsche Schule besucht und nachher hatte ich mich aus einem Buch noch weiter in Lesen und Schreiben geübt, ich spreche auch Rumänisch, Ungarisch und Ukrainisch; so stellte mich der Oberförster Pich bei der Verwaltung an).

Im Lebensmittelmagazin lernte ich einen Mann kennen, der Emmerich Münich hieß und beim Forstbetrieb als Schofför arbeitete. Er transportierte auf einem wackligen Lastwagen Fleischkonserven, Maismehl, Brot, Stiefel, Decken und was die Arbeiter sonst noch im Wald brauchten von der Zentrale in Sigeth nach Balmenthal (dort befand sich unser Magazin, von dem aus die Stationen in Feinen, Makerlau, Mierasch und Loßten beliefert wurden).

Dieser Emu gefiel mir ganz gut, und ich lebte einige Zeit mit ihm, das heißt, wir gingen auch am Sonntag unten auf dem Platzl spazieren, so daß alle Leute meinten, wir werden bald heiraten (ehrlich gesagt, ich hätte ihn gern geheiratet, ich war damals schon siebenundzwanzig, denn das war 1953), aber dann sagte er mir eines Tages, als wir oben auf einer Wiese im Gras lagen: Weißt, sagte er, ich mecht nit a fremdes Kind håbn, ich mecht nur a Kind, wås is vun mir.

Das traf mich damals so hart, daß ich aufstand und hinunter nach Neuwetz lief.

Wuhin laufst, Lenku? rief er mir nach, aber mich interessierte nichts mehr. Wegen keinem Mann hätte ich auf meinen kleinen Hermann verzichtet. Lieber wollte ich unverheiratet bleiben.

Emu hat dann am nächsten Tag und später noch öfters versucht einzurenken, doch mit mir hatte er ausgespielt. Einen Augenblick lang war er ehrlich gewesen, und das hatte mir genügt.

Er machte sich dann auch bei der Kathku zu schaffen, der Betchar, und soviel ich hörte, hat er es auch mit der Annzu gehabt, die nur zweiundzwanzig und sehr hübsch war (sie hatte ja auch ihren Mann im Krieg verloren).

Doch auch bei meinen Schwestern dauerte es nicht lang, er nahm sie reihum und heiratete dann die Tochter vom Nawodarsky-Rudi-Batschi, die Liesl, ein Mädchen mit blauen Augen, schwarzem Haar und sehr heller Haut, hinter dem viele Burschen her liefen.

Ich glaube, es war 1956, da lernte ich den Peter Moroschutzka kennen (Moroschutzka hieß er nach seinem Vater, denn er war ein uneheliches Kind, seine Mutter war die Tochter von Josef Holzschuch, der in der Heiliggeistgasse eine Klempnerei hatte, die Milka – so hieß die Mutter, die war schon vor der Flucht bei einer reichen jüdischen Familie in Reußenau in Dienst gewesen, und dort hatte sie sich, sagte man später, mit einem Kutscher, dem Olexa Moroschutzka, eingelassen, von dem sie dann nachher den Peter bekam). Peter war 1925 geboren, also ein Jahr älter als ich.

Mit ihm hab ich mich gut verstanden. Er war vorher mit einer Ruthenin verheiratet gewesen, hatte sich aber getrennt, als er sie einmal beim Heumachen mit einem anderen Mann überraschte. Zuerst, erzählten die Leute, habe er sie furchtbar verdroschen und dann den anderen (auch einen Ruthenen) krankenhausreif geschlagen, weswegen Peter einen Monat auf der Polizei festgehalten und nun seinerseits täglich verprügelt wurde.

Dann ließen sie ihn laufen, und noch Jahre später konnte man auf seinem Körper die Spuren der Stahlruten sehen, mit denen sie ihn mißhandelt hatten.

Peter war ein guter Mann, und ich wollte ihn auch gern heiraten, wenn er nicht eines Tages sich in die Annzu verguckt hätte. Sie war ja erst fünfundzwanzig, und ich war schon dreißig, na, das ist ein großer Unterschied. Was sollte ich machen, ich mußte zusehen, wie die beiden sich trafen und ausgingen und wie sie jeden Abend hinauf auf die Alm verschwanden. Manchmal dachte ich: wenn die Kleine von dem ein Mansr kriegt, läßt er sie sicher sitzen. Aber zum Glück (zu *ihrem* Glück) blieb Annzu nicht schwanger, und als er sie eines Tages tatsächlich sitzen ließ, weinte sie ein bißchen, und ich tröstete sie, und dann weinten wir beide, weil unser Leben so verpfuscht war.

Aber Gott hat gewollt, daß ich mit einunddreißig doch noch einen Mann, den Bernhard Stadler kennenlernte (seine Mutter hat eine kleine Schneiderei und ist eine geborene Sedlak). Das war mein Glück, denn sonst wäre ich heute eine alte Witfrau, aber so heiratete ich am 18. November 1957 einen Automechaniker, der mit achtundzwanzig Witwer geblieben war (er war damals dreiunddreißig und hatte von der ersten Frau keine Kinder, so adoptierte er meinen Hermann, der schon zwölf war, und im Jahr darauf wurde unser Sohn Adolf geboren).

Obwohl zwischen den Buben dreizehn Jahre Unterschied ist, verstanden sie sich immer gut, Hermann behandelte den Kleinen beinahe wie seinen eigenen Sohn, er nahm ihn auf den Schoß und fütterte ihn, legte ihn auch trocken und sagte dann: Aso a Klaanen mecht i auch amol håbn!

Mein Månn is a khuder!

Er hat mir nie Kummer bereitet, er trinkt auch nie über den Durst, wie zum Beispiel mein Schwager Seppi. Über den Jakob ist nichts zu sagen: der trinkt nicht, raucht nicht und ist immer noch der größte Geizhals weit und breit. Die arme Bärbl hat wirklich nichts zu lachen, denn Kinder haben die auch keine. Auch dafür ist er zu geizig, sagen die Leute.

Manchmal mach ich mir nur Sorgen wegen meiner Mama, die ist nämlich jetzt (1973) zweiundsechzig – also längst keine junge Frau mehr, und wenn man nicht achtgibt, geht sie in die Kammer und hängt sich eine Flasche an den Hals; sie säuft im stillen, um es deutlicher zu sagen.

Das hat eigentlich damals begonnen, als das große Wasser kam, Ende Mai 1942, und Mutter sich in die Flut stürzen wollte (weil Vater im Jahr vorher gestorben war), damals hatte Mutter sich Mut gemacht und etwas getrunken, zwei Wochen vorher war sie einunddreißig geworden.

Später haben wir Kinder dann noch öfters gemerkt, daß Mutter gern ein Glaserl kippte, aber uns hat das weiter nicht gestört, denn sie kümmerte sich ja den ganzen Tag um uns, besorgte das Vieh (zwei Kühe), die Schweine und Hühner. Freilich halfen wir Kinder in der Wirtschaft, so gut wir konnten, aber die meiste Arbeit lastete doch auf ihren Schultern; ein Bergfeld war auch noch zu bearbeiten und dann der Gemüsegarten. Das alles schaffte die gute Frau ohne die Hilfe eines Mannes – hatte sie dann nicht das Recht, manchmal ein Gläschen Schnaps zu trinken?

Nun, im Alter kommt es immer häufiger vor, daß Mutter ein Gläschen mehr als nötig trinkt, und darum verstecken wir auch alle Flaschen vor ihr. Doch immer wieder findet sie eine, und schwupp nimmt sie einen langen Zug (ich hab sie einmal aus der Kuchl beobachtet, wie sie hinter dem Schweinestall im geheimen trank) und wankt dann ins Haus, tut so, als wäre nichts geschehen und schämt sich furchtbar, wenn man ihr etwas sagt. Darum schweigen wir auch, Bernhard und ich (Mutter wohnt bei uns, bei ihrer Ältesten), und versuchen die Situation so zu retten, indem wir die Flaschen immer wieder verstecken. Denn ganz abschaffen können wir sie auch nicht, ein bißchen Schnaps braucht man im Haus, es kommen ja Leute zu Besuch und denen muß man doch etwas aufwarten – sonst geht es einem so wie dem Schwager Jakob: den besucht niemand, weil man dort außer frommen Sprüchen nichts vorgesetzt bekommt.

Aber Mutter hatte es ja auch im Leben nicht leicht gehabt. Ich weiß nicht, ob ich die Kraft aufgebracht hätte, als Witwe mit elf Kindern nicht zu verzweifeln, ich glaub, *ich wäre* ins Wasser gesprungen ...

Als Mutter wieder einmal ein bißchen rauschig war (an ihrem sechzigsten Geburtstag, 1971, da hatten wir ihr eine schöne Zipser Nußtorte gebacken, und alle Kinder und Enkelkinder hatten sich bei uns im Haus versammelt), da hab ich sie nachher gefragt (wir saßen allein in der Kuchl, und ich wusch die vielen Teller ab, Bernhard schnarchte schon im Bett, denn auch er hatte ein Glaserl mehr als sonst getrunken), da hab ich Mutter einfach gefragt: Mami, ßåg, wärst tamålst ins Wåssr gsprungen?

Und sie wußte sofort, was ich meinte, und hat mich lang angeschaut. Dann sagte sie leise: Lenku, ßei mir nit pes, i glaub, i wär gsprungen, abr i håb ghåbt aso a gruße Ångst ...

Ich wollte noch hinzufügen, daß wir ja dann ganz allein geblieben wären, ohne Vater, ohne Mutter, aber ich hab nichts mehr erwidern können, ich hab Mutter verstanden, die Angst vor der Zukunft war fast stärker als die

Angst vor dem Tod, aber schließlich hat doch die Angst vor dem Tod gesiegt, und sie ist nicht ins Wasser gesprungen und hat den Kampf mit dem Leben aufgenommen, um es so zu sagen, sie hat gekämpft und hat manchmal auch versucht, noch einen Mann zu bekommen, aber die Männer waren alles nur, wie gesagt, Wåndrvogln, solche, die kommen und gehen, keine ernste Menschen. Arme Mutter!

Vor Jahren war einmal mein Bruder Heini, der Ingenieur, bei uns zu Besuch, und da hat er dem Hermann gesagt: Du mußt auch studieren, wenn du groß bist.

Am Abend, als wir schon im Bett lagen, hat dann Bernhard gesagt: Ter Bub *wird* studieren, wie ßein Onkl, ter Heini-Batschi, tås måchn mir. Und er hat auch studiert!

Schade, daß Joku nur Arbeiter im Holzschlag geworden ist – wie sein Vater. Doch heute wohnen die in Baracken und nicht mehr in Kolibn aus Rundstämmen. Sie schlafen auch nicht mehr auf Tschetina, sondern in richtigen Betten, und am Abend bekommen sie ein Essen vorgesetzt, das eine Keinmannitza kocht. Die Zeiten im Holzschlag sind besser geworden.

Ja, das sollte man auch noch wissen: die Traudi hat zwei Kinder – einen Buben und ein Marl, und die Roswitha hat drei schöne Marl – Brigitte, Astrid und Gertrud. Die Traudi hat den Buben auf den Namen Johann getauft und dem Marl den Namen Sybille gegeben, und der Beamte hat gefragt: Was ist das für ein komischer Name. Na, ein deutscher Name. Hab ich noch nie gehört, klingt mir so französisch. Da hat Traudi eine Zeitschrift, die sie aus Deutschland bekommen hatte, genommen, und ist damit zum Amt gegangen. Sehen Sie, den Namen gibt es wirklich, sogar eine Zeitschrift heißt so: Sybille. Der Beamte hat darauf nur »Aha« gesagt und den Namen eingetragen.

Ja, da ist noch die Annzu, die in diesem Jahr zweiundvierzig wird (kaum zu glauben, wie die Zeit vergangen ist, tie klaani Annzu! Sie ist schon bald zweiundvierzig, und ich glaub, so in drei Monaten ist sie Großmutter, denn Baldur, bald dreißig, hat zum zweitenmal eine Zipserin geheiratet (die erste Frau war eine Ungarin und die Ehe ging nicht gut, nach drei Jahren trennten sie sich wieder). Seine zweite Frau heißt Erika und ist eine geborene Schkurka (vom Zimmermann Schkurka, ihre Mutter ist eine Tochter vom Organisten Alois Enzensberger, also eine gute Familie).

Wenn wir ein Marl haben, soll es Anneliese heißen, so wie im deutschen Lied »Anneliese ...«, wenn es aber ein Bub ist, taufen wir ihn Siegfried, das ist ein sehr schöner Name, und so heißt kein Bub hier oben im Tal.

Die Annzu wird also bald zweiundvierzig und sie schaut noch immer sehr fesch aus, man könnte glauben, sie ist erst dreißig (ich mein, sie ähnelt am meisten unserer lieben Mama, die ja auch eine sehr schöne Frau war, nur hatte sie leider kein Glück mit den Männern – so auch Annzu). Vor einiger Zeit hatte sie wieder einen Freund, den Ferdinand Pollatschek, und ich dachte, die beiden verstehen sich gut. Eines Tages kam sie zu mir (sie wohnt drei Häuser weiter) und klagte: Ter Feri mecht ziehn nach Teutschlånd, håt er ßågt, i ßoll mit ihm kehn ...

Willst khen mit ihm? hab ich sie gefragt.

Na!

Damit war unser Gespräch beendet, und die Liebschaft mit dem Feri ebenfalls.

Seit kurzem hat sie nun einen anderen Freund, den Kreiter-Joku (Johann Kreiter), der ist Fernsehtechniker, seine Frau ist vor einem Jahr an Krebs gestorben; nun – ich mein, der wär schon der richtige Mann für sie. Vielleicht (wir wollen es hoffen), vielleicht nimmt er sie zur Frau, noch bevor das Enkelkind auf die Welt kommt, denn eine Großmutter (auch mit zweiundvierzig) heiratet nicht mehr. Die Leute würden sich krummlachen, wenn die Annzu als Großmutter noch einmal heiraten möcht. Also diesen letzten Zug darf sie nicht verpassen ..

Ja, und ich: am 24. April werd ich siebenundvierzig.

Enkelkinder hab ich noch keine, denn Hermann hat in Klausenburg Biologie studiert und arbeitet als Cheflaborant (ja, das heißt man so: Cheflaborant!), er arbeitet im Städtischen Spital, das vor einigen Jahren gebaut wurde, er hat auch eine Freundin, eine Deutsche, sie heißt Marianne Poidinger, ein sehr hübsches Marl, ist auch im Labor beschäftigt (er ist ihr Chef!), aber was Ernstes scheint es nicht zu sein.

Mein Hermann ist jetzt schon achtundzwanzig, früher war einer in dem Alter schon längst Vater von drei, vier Kindern, doch heute lassen die jungen Leute sich für alles viel Zeit.

I muß tie Mariannku erscht khud kennen lernen, Mama, hat er mir das letztemal gesagt, als er hier oben im Tal zu Besuch war (er hat nämlich unten in der Stadt eine Garçonnière in einem Block bekommen).

Wie lang er die Kleine noch kennenlernen will, weiß ich nicht, denn einmal, als ich ihn an einem Sonntagmorgen nach der Messe besuchte, öffnete *sie* mir die Tür und hatte nur einen Schlafrock an – ganz wie bei sich zu Haus, darunter aber, glaub ich, war sie fingernåcket.

Was hast, Mama, fragte er, nachdem sie rasch ins Badezimmer verschwunden war.

I staun mich, sagte ich ihm.

Es ßein ånderi Zeitn jetzet, Mama, antwortete er.

Ånderi Zeitn, aber aa ånderi Marln, erwiderte ich.

Darauf hat er gelacht.

Wenn die Wolken ziehn
(Martha Grieger)

Meine Eltern waren arme Leute, der Vater war Holzfäller, die Mutter Hausfrau. Bald nachdem sie geheiratet hatten, erbten sie von meiner Großmutter mütterlicherseits, Maria Theresia Kammler geborene Hirentschak, ein kleines Holzhaus oben im Weiler Sachsenthal, wo damals nur Zipser wohnten (eigentlich nennen wir so etwas nicht Haus, sondern Zimmer; meine Eltern hatten also ein Zimmer, das aus einer großen Kuchl und einer Stube bestand). Hier wuchsen wir – meine Geschwister und ich – auf ... Wir waren drei Mädchen und zwei Buben, ich war die jüngste.

Geboren wurde ich am 18. Mai 1922; drei Tage vorher, am 15. Mai, war meine Mutter zweiundzwanzig Jahre alt geworden.

Geheiratet hatte sie mit knapp vierzehn, und bald darauf kam auch mein ältester Bruder auf die Welt – der Ferdinand (Feri), 1916 wurde mein zweiter Bruder Emmerich (Emu) geboren, 1917 meine älteste Schwester, Katharina (Kathku), dann, nach dem ersten Weltkrieg, 1919, die Therese (Reßku), und 1920 brachte meine Mutter noch einen Buben auf die Welt, der den Namen Wilhelm erhielt, er starb aber nach einem Monat an einer Erkältung, und 1922 kam dann ich ...

Als Feri geboren wurde, war mein Vater im Krieg, irgendwo an der serbischen Front. Er bekam aber Urlaub und brauchte beinahe drei Tage, bis er schließlich in unserer kleinen Bergsiedlung eintraf. Mutter war sehr glücklich, daß sie einen Buben hatte (später sagte sie: wenn der Vater nicht mehr nach Haus gekommen wär, hätte mir später der Feri in der Wirtschaft geholfen und ich wär nicht so allein geblieben).

Im Sommer 1915 verlor mein Vater zwei Finger an der rechten Hand und wurde nach Hause geschickt; doch darüber weiß ich nichts mehr Genaues zu berichten, denn Vater ist 1930, als ich acht Jahre alt war, gestorben, und danach wurde Mutter sehr schweigsam und erzählte uns nur noch ganz selten etwas von der Zeit vorher.

Über meinen Vater kann noch folgendes gesagt werden: Er hieß Ferdinand Josef Heckmann, seine Mutter war eine geborene Jurtschuk, und nach ihr erhielt ich den Namen Martha.

Ihr Vater hieß Bernhard Jurtschuk und besaß mehrere Grundstücke auf den Bergen in der Umgebung von Oberwischau. Er war ein wohlhabender Mann, doch weil mein Großvater eben nur ein armer Holzfäller war und nichts besaß außer zwei fleißigen Händen, gab der alte Jurtschuk seiner Tochter keine Mitgift.

Ferdinand Heckmann – so hieß mein Großvater väterlicherseits – mußte also sehr schwer arbeiten, um die zahlreiche Familie (es waren viele Kinder da) erhalten zu können, und der Bernhard Jurtschuk saß auf seinen Grundstücken, während der Heckmann nicht einmal ein kleines Bergfeld hatte, auf dem er Krumpirn anbauen konnte.

Arm wie sein Vater war auch mein Vater. Nur hatte er das Glück, 1914, kurz nach der Hochzeit, zusammen mit seiner jungen Frau (meine Mutter war damals kaum vierzehn) in ein eigenes Zimmer ziehen zu können.

Hier muß aber noch gesagt werden, daß die Mutter des Bernhard Jurtschuk, meine Urgroßmutter, Klothilde geborene Hospodarsky sehr freundlich und hilfsbereit war (sie ist schon lange tot, das erzählte uns einmal Mutter an einem Abend im Winter, als es draußen stürmte). Oft kam sie zu meinen Großeltern und brachte ihnen etwas mit: ein Körbchen mit Eiern, ein Huhn, eine geräucherte Wurst. Freilich war das bei den vielen Mäulern, die man stopfen mußte, nicht viel, aber es war doch eine Hilfe – so sagte meine Großmutter.

Ich hab die Urgroßmutter Klothilde nicht gekannt, ihr Grab ist oben auf dem Friedhof, ein verwitterter Stein steht drauf, und wenn ich hinauf geh, dann bring ich immer auch ihr ein Sträußchen Blumen.

Mein Vater hatte keine Schule besucht, denn Großvater Ferdinand war so arm, daß er seine Kinder (sie wohnten weit oben im Weiler Fischthal, in einer kleinen Holzhütte) nicht hinunter ins Dorf in die Schule schicken konnte. Den weiten Weg (etwa zehn Kilometer) konnte man im

Sommer barfuß nicht zurücklegen, und die Schuhe mußte man schonen. Bei dieser Entfernung hätten sie alle zwei Wochen auf die Botschkor eine neue Sohle gebraucht, und das wäre zu teuer gewesen, so blieben die Kinder eben zu Haus und halfen in der Wirtschaft, und als die Buben größer wurden, gingen sie in den Holzschlag arbeiten.

Mein Bruder Feri war zuerst Keinmann in einer Kolibn in Makerlau, oben im Wassertal, dann – mit vierzehn Jahren, 1928 – ging er in den Holzschlag, und bald darauf wurde er von der Verwaltung als Holzfäller angestellt.

Er heiratete mit einundzwanzig, nach dem Militärdienst, ein Mädchen aus Pfefferfeld, das er bei der Kerwei am Sankt-Anna-Tag kennengelernt hatte. Sie hieß Annzu Hutmann und war sehr hübsch. Es war eine gute Ehe, doch dauerte ihr Glück nicht lang, denn bald starb die arme Annzu mit neunzehn Jahren an einer Lungenentzündung, die sie sich im Winter beim Brotbacken geholt hatte. Sie hatte noch kein Kind auf die Welt gebracht, und so blieb der arme Feri ganz allein.

Wie das bei den Männern nun mal ist: er begann zu trinken – aus Kummer, weil er die Frau verloren hatte. Und davon kam er dann leider auch später, als er die Tochter vom Schneider Klepatt heiratete, nicht mehr los.

Mit der Olga Klepatt hatte Feri drei Töchter, alle drei sind später wunderschöne Frauen geworden und haben auch gute Partien gemacht, obwohl er ihnen keine Mitgift geben konnte.

Der arme Feri ist in Böhmen auf der Flucht gestorben (die Amerikaner hatten einen Zug mit ostdeutschen Flüchtlingen beschossen). Die Mädchen aber sind mit der Mutter wieder zurückgekehrt.

Mein zweiter Bruder, Emu, ging schon mit fünf Jahren allein hinunter auf die Flußau die Gänse hüten, später schickte ihn die Mutter mit der Kuh auf die Alm. Als mein Vater starb, war er gerade vierzehn und da nahm ihn der Feri hinauf in den Holzschlag, wo er zuerst Rundstämme schälen mußte. Später wurde er Flößer (damals hat man noch auf dem Wasserfluß geflößt).

Er heiratete die Tintschi Lenardsberger, eine Tochter vom Schuster Lenardsberger, der seine Werkstatt am Eck von der Judengaß hatte. Die Lenardsberger waren aber auch arme Leute, und die Tintschi brachte keine rechte Aussteuer in die Ehe. Doch beide waren jung und fleißig (ich glaub, Emu war einundzwanzig und Tintschi fünfzehn), und sie haben sich alles selbst angeschafft.

Als nach einigen Jahren der alte Lenardsberger starb, bekam die Tintschi das Haus, denn die anderen Kinder hatten alle schon ihre Häuser (ihre Zimmer, würde ich sagen). Nun mußten sie wieder einige Jahre sehr sparen und viel arbeiten, um den Geschwistern den Anteil am Häusl auszuzahlen. Aber schließlich haben sie auch das geschafft und waren ihre eigenen Herren.

Der Emu und die Tintschi haben fünf Kinder – zwei Buben und drei Marl –, alles sehr fleißige Leute, die ihre eigenen Höfe haben, und auch ein bißchen Feld dazu. Also, denen geht es auch heute gut.

Die Kathku (wenn ich über die Brüder erzähl, soll ich auch die Schwestern nicht vergessen), die Kathku, ja, die hat es nicht so gut getroffen.

Sie ist, ich habs schon gesagt, 1917 geboren. 1930, sechs Monate nachdem Vater gestorben war, sollte sie plötzlich ein Kindl bekommen; sie war damals vierzehn, und ich erinner mich noch, wie Mutter den Hofbesen nahm und auf die Schwester eindrosch, daß ich dachte, die bringt sie um (ich wußte natürlich nicht genau, was Kathku angestellt hatte, das erfuhr ich aber bald). Mutter war damals so fuchtig, wie ich sie später nicht mehr gesehen hab – denn sonst war sie ja nach Vaters Tod sehr still geworden.

Nur an dem einen Nachmittag verlor sie die Beherrschung und prügelte die Kathku hinten im Schopfen so lang, bis die keinen Laut mehr von sich gab, dann kam sie ins Haus und sagte zum Feri, der neben dem Ofen saß (es war an einem Samstag):

»I prauch ka Mansr im Haus, liebr schlåg i ßie tot!«

Nachher fragte ich immer wieder den Feri: »Sság, a Mansr wås is?« bis er mir dann eines Tages sagte: »A Mansr is a Kind, wås ka Våtr håt!« Doch wie so etwas passieren kann, wußte ich damals noch nicht, ich war ja erst acht Jahre alt.

Mutter ist dann mit der Kathku zu einer Rußnatschka hinauf in die Siedlung Balmenthal gegangen, die hat etwas gemacht und das Kindl ist nicht mehr auf die Welt gekommen. Das hab ich mir später so zusammengereimt, denn etwas Genaues konnte ich nicht erfahren.

Mit fünfzehn Jahren hatte Kathku wieder einen Freund, der sie am Wochenende, wenn er aus dem Bottisoller Holzschlag nach Haus kam, besuchte. Zusammen ausgehen durften die beiden jedoch nicht, Mutter befürchtete nämlich, daß wieder etwas geschehen könnte, und sie paßte auch sonst sehr auf, wenn der Reinhold Lebwohl (so hieß nämlich der Mann) bei uns war (die beiden saßen am Tisch in der Stube, aber die Tür mußte offen stehen, sie sprachen wenig, meist guckten sie sich an – das fand ich nämlich so lustig, die saßen da und sahen sich in die Augen).

Wie sie es dann doch getan haben, weiß ich nicht, denn Mutter war die ganze Zeit über sehr wachsam. Nur auf einmal hieß es, die Kathku bekommt vom Reini ein Kindl. Diesmal aber griff Mutter nicht wieder zum Besen, sondern sagte einfach: heiraten!

Das war 1932. Zwei Jahre vorher war Vater gestorben, und Mutter konnte der Kathku nicht viel in die Ehe mitgeben – ein bißchen Bettwäsche, Handtücher, zwei Kissen, zwei Decken, na, ich glaub, das war auch alles, mehr hatte sie einfach nicht. (Später hat der Reini meiner Schwester oft vorgeworfen, daß sie zu ihm ohne Unterhose gekommen ist – so pflegte er zu sagen: mit a Kitu und untn nix; die Arme hat sich dann immer so geschämt.)

Sie hat es nicht leicht gehabt beim Reini, denn die beiden wohnten bei seinen Eltern, und obwohl der Vater auch nur Waldarbeiter war, hielt er sich für etwas Besseres, weil sein Bruder einst beim Großgrundbesitzer Pop Simon gearbeitet hatte. Dabei war auch der Reini nicht zur Schule gegangen, er hatte vielleicht seinen Namen schreiben gelernt, mehr nicht, und auch er arbeitete oben im Wald bei Bottisoll.

Die Kathku war also bei der Familie Lebwohl eine Art Magd, denn sie mußte auch den Haushalt der beiden Alten führen: kochen, waschen, putzen und alles andere machen, die Magdusch Lebwohl rührte keinen Finger mehr, seitdem sie eine junge Schwiegertochter im Haus hatte.

Meine Schwester war schon im achten Monat schwanger, und noch immer arbeitete sie bis abends spät. Mit dem dicken Bauch kochte sie und wusch Wäsche; das war sicher sehr schwer.

Als dann das Kind auf die Welt kam, war es ein Marl. Der Reini hatte sich aber einen Buben gewünscht; da hätte man sehen sollen, wie der böse wurde – als wäre *sie* schuld daran, daß eben ein Marl gekommen ist.

Weil der Reini bös war, waren es auch die Alten. Die Kathku, noch ganz schwach von der Geburt, mußte schon wieder die ganze Arbeit im Haus allein machen. Wen wundert es nun, wenn sie eines Tages die Kleine einpackte und von dort weglief. Wohin sollte sie aber gehen? Sie kam zu Mutter.

Ich glaub, es war an einem Mittwoch, als sie aus dem Haus vom Lebwohl wegging.

Am Samstag kam dann der Reini aus dem Holzschlag, und kaum hatte er erfahren, was geschehen war, stand er schon vor unserem Tor und schrie wie ein Besessener: Kathku, kumm zuruck, asonst i pring tich um!

Kathku saß in der Kuchl, hielt das Kind im Arm und zitterte am ganzen Körper.

Mutter nahm den Nudelwalker, ging zum Tor (ohne jedoch zu öffnen) und sagte sehr ruhig: Wann tu nit verschwindst, i schlåg tich zamm!

Es gab dann einen längeren Wortwechsel zwischen Mutter und Reini, die Nachbarn kamen auf die Gasse, sie nahmen aber Kathku in Schutz, und als der Reini sich noch erdreistete, sie eine Kurwe zu nennen, gab ihm der alte Lyachowitsch (ein Riese von einem Mann, der hatte Hände wie Zwieblprerl) eine Watsche.

In seiner Wut machte der Reini eine Bewegung, so, als würde er zurückschlagen wollen, und da erhielt er noch eine geklebt – auf die andere Backe.

Sso, jetzet uns kehn mir ßich za Haus, sagte die Kreiter-Néni! Und der Reini ging auch, wobei er aber Mutter mit erhobener Faust drohte.

Ich hatte damals furchtbare Angst, daß er in der Nacht wiederkommen könnte, um vielleicht unser Häusl anzuzünden – so etwas war noch vorgekommen. Aber Reini zeigte sich nicht mehr, und nach etwa einem halben Jahr, als man sich beruhigt hatte, ließen sich die beiden scheiden. Damals war Kathku gerade siebzehn geworden, und die kleine Regine war etwa zwei Jahre alt.

Warum ich das alles erzähle: weil meine armen Geschwister (außer dem Emu) kein so leichtes Leben gehabt haben, und bevor ich sage, wie es mir ergangen ist, möchte ich, daß man auch von ihnen einiges weiß.

Im selben Jahr, als sie sich vom Reini scheiden ließ, hatte es die Kathku wieder mit einem Mann, der war aber verheiratet: einem Waldarbeiter, Wenzel König, der von oben aus einem deutschen Dorf in der Karpatenukraine zugewandert war. Dieser Wenzel hatte eine sehr junge Zipserin zur Frau, und die bekam beinahe jedes Jahr ein Kind. Damals war er vielleicht fünfundzwanzig, und im Haus waren schon fünf kleine Kinder. Weil aber die Frau immer mit einem dicken Bauch herumlief, sah er sich gern nach anderen Frauen um. So kam er mit der Kathku zusammen, und das ging so lang, bis schließlich alle es wußten und natürlich auch die Marie König (übrigens eine Tochter vom Waldheger Alois Konrad).

Eines Tages kam sie (wieder mit dickem Bauch) zu uns und wollte mit der Kathku sprechen, die war aber gerade nach Kwaßtnitz um Brinsn gegangen. So klagte sie Mutter ihr Leid und verlangte, die Kathku soll ihre Finger vom Wenzi lassen. Mutter meinte aber, daß es *Wenzi* auf die Kathku abgesehen habe und nicht umgekehrt. Sie stritten ein wenig, wer zuerst auf wen ein Aug geworfen hätte, und schließlich weinte die Marisch, und da bekam Mutter Mitleid mit ihr und versprach, der Kathku jeden weiteren Verkehr mit dem Wenzi zu verbieten.

Als Kathku erschien, stellte Mutter sie zur Rede. Die aber behauptete, sie hätte mit dem Wenzi nur ein paarmal gesprochen, aber mehr sei dabei nicht gewesen. Schließlich zankten sie miteinander, Mutter wollte ihr das nicht abnehmen, denn sie kannte ihre Tochter; und da wurde Kathku bockig und gab zu, daß sie den Wenzi ganz gut mochte und sagte, es sei nicht ihre Schuld, wenn der seine Frau nicht mehr haben will.

Abr Kindr kann er ihr mǻchn, gelt? rief Mutter.

Meglich, tes is ßein anzige Freid, erwiderte Kathku frech und erhielt dafür eine Watsche.

Ohne noch etwas zu sagen, ging meine Schwester in den Hof hinaus, setzte sich in einen Winkel und heulte still vor sich hin.

Nach einiger Zeit wollte ich sie trösten, denn mir tat sie, trotz ihrer Männergeschichten, furchtbar leid; sie war ja so hübsch, die Arme, und hatte immer nur Pech.

Låß mich, i mecht nix hern, nix ßehn! sagte sie. Und ich ging wieder zu Mutter ins Haus.

Die saß in der Kuchl neben dem Herd, wo die Prinsntokan kochte, und weinte auch. Sie hatte das Gesicht zur Wand gedreht und so, daß ich es nicht sehen konnte, ich merkte aber, wie ihre Schultern zuckten.

Nun versuchte ich, Mutter zu beruhigen, weil auch sie mir leid tat.

Es is aso schwer mit eich Marln, sagte sie (das hab ich mir gemerkt, diese Worte konnte ich nie vergessen; weil die Leute doch immer sagen, daß alles besser läuft, wenn Mädchen im Haus sind – bei uns war es aber nicht so).

Als Kathku neunzehn war, ließ sie sich beim Sägewerk als Putzfrau anstellen; auf die kleine Regine sorgte meine Mutter. Sie brachte nun etwas Geld ins Haus, was natürlich sehr gut war und Mutter wieder froh stimmte. Denn seit dem Streit wegen dem Wenzi war sie sehr schweigsam gewesen, hatte manchmal einen ganzen Tag lang kein Wort zu uns gesagt.

Dort lernte Kathku den Gjulku kennen (er schrieb sich Julius Maixner), und ich glaube, die beiden hätten auch geheiratet, weil er die kleine Regine so gern hatte, aber da steckte sich die Martschu Reib (vom Tischler Reib, sie war ein ziemliches Luder) dazwischen, und der Gjulku heiratete *sie*.

Ich will jetzt nicht alle Männer aufzählen, die Kathku dann noch so gekannt hat (sie war eben eine Frau, die das brauchte, sie konnte nicht anders).

Es war im Jahr 1940, Kathku feierte gerade mit uns ihren dreiundzwanzigsten Geburtstag und hatte einen großen Lekwarkuchen gebacken, dazu gab es Kümmelschnaps und verschiedenes Gebäck, da stand plötzlich ein Mann mit einem großen Strauß Blumen am Tor.

Kathku erhob sich, zupfte das Kleid zurecht, richtete rasch das Haar vor dem Spiegel (das alles fiel mir auf, weil sie so darauf bedacht war, gut auszusehen) und ging öffnen.

Dieser Mann hieß Petrus Miletz (wir nannten ihn natürlich Peter), und ihn hatte sie beim Sägewerk kennengelernt, er war Sägemeister – also nicht irgendwer.

Ich muß sagen, der Peter sah sehr gut aus (er hätte auch mir gefallen, das fühlte ich gleich, als er in die Stube trat und Kathku ihn uns vorstellte).

Eigentlich waren wir ein bißchen überrascht, als er zum erstenmal erschien, denn wir hatten keinen Besuch erwartet, und Reßku hatte noch ihren verwaschenen Hauskitu an (sie nahm sich dann rasch ein Kleid aus dem Schrank und eilte in die Kuchl, um sich umzuziehen; ich erzähl das nur deshalb, weil der Peter sich dann später auch an die Reßku, die ja zwei Jahre jünger war, herangemacht hat).

Mutter wußte nun nicht, wie sie sich diesem Mann gegenüber verhalten sollte, sie hatte vielleicht auch den leisen Verdacht, daß er verheiratet sein könnte und daß dann eines schönen Tages wieder eine heulende Ehefrau zu uns kommen würde. Darum fragte sie schließlich ganz offen, ob er Familie habe oder . . . allein sei.

Darauf antwortete er, daß seine Frau seit zwei Jahren tot ist und er zusammen mit seinem kleinen Sohn, Franzi, auf den eine Tante sorgt, in seinem eigenen Häuschen wohnt. Mutter war sichtlich erleichtert.

Obwohl dem Peter dann nach einigen Monaten plötzlich die Reßku gefiel (und er vielleicht mit ihr sogar auch was gehabt hat), heiratete er schließlich doch die Kathku, und die Ehe ging gut, sie waren glücklich. Kathku bekam dann noch zwei Kinder – einen Buben und ein Marl, Adolf und Erika (zwei waren ja schon da – die Regine und der Franzi vom Peter).

Ja, es wäre alles schön gewesen, wenn der Peter nicht 1943 (gerade als die kleine Erika geboren wurde) zur Waffen-SS hätte gehen müssen. Ein Jahr später war er tot.

Die Kathku hat sich plogt und plogt, wie wir sagen, und hat die vier Kinder allein großgezogen . . .

Die Reßku war als junges Marl schon viel ruhiger als die Kathku, sie machte sich auch nichts aus Männern, das interessierte sie sehr wenig. Ich weiß nicht, ob sie bis achtzehn, neunzehn von einem Buben überhaupt ein Pusserl bekommen hat, und es schien so, als würde sie eine alte Jungfer bleiben, denn mit zwanzig hatte sie noch keinen Freund.

Das einzige, was sie abends, wenn andere auf der Litzn standen und mit den Buben schwatzten, tat und was ihr Freude machte – sie stickte; sie stickte wunderschön, also, da war die Reßku (und sie ist es auch heute noch) eine richtige Künstlerin.

Für die vielen Deckchen und Pölster, die sie stickte, bekam sie von den Leuten Geld. Es war nicht viel, aber trotzdem etwas, und das legte sie beiseite: fir spåter, wunn i a Månn werd håbn, pflegte sie zu sagen.

Ich glaub aber, der erste Mann, den sie mit einundzwanzig hatte (oder der *sie* gehabt hatte) war kein anderer als der Peter (aber darüber sprechen wir jetzt nicht mehr).

Ja, die Reßku war ein sehr schönes Mädchen, auch sie hatte, wie Kathku und ich, dunkelblondes Haar und große blaue Augen (die Augen waren vom Vater, in der Familie Heckmann hatten alle blaue Augen). Sie hatte auch eine sehr gute Gestalt, schlanke feste Beine, alles war richtig an ihr, nirgends gabs zu viel, aber auch nicht zu wenig, von dem was eine junge Frau haben muß.

Darum ist es eigentlich merkwürdig, daß sie keinen Mann bekam und trotzdem so ruhig und fromm blieb, während die Kathku Funken sprühte. Äußerlich sahen sich die beiden sehr ähnlich, beide waren verdammt hübsch, nur daß die eine einen Teufel in sich hatte und die andere einen Engel.

Doch auch die Reßku wurde vom Schicksal nicht geschont. Im Jahr 1941 war sie zweiundzwanzig (das ist ein Alter, wo andere längst unter der Haube sind und Kinder haben), da lernte sie einen Mann kennen, der bei der SS war und im Juli nach einer Verwundung aus Kiew auf einen kleinen Urlaub gekommen war. Dieser jüngste Sohn vom Dachdecker Franz Ottschowsky (sie stammten aus dem Buchenland) hieß auch Franz, wie sein Vater.

Es waren damals übrigens mehrere Zipser von der Waffen-SS auf Urlaub gekommen, und sie gingen sehr stolz in ihren Uniformen herum. Ich erinner mich besonders an die Buben, die in unserer Gasse gewohnt hatten: der

Telemann-Emu, der Sukodowsky-Franzi, der Watechowitsch-Steffku, der Tschupak-Reinhold, der Pfeiffer-Doni und der Sohn von der Schwedak-Néni, der Willi, der nach seinem Vater Schönwiesner hieß (er war nämlich ein uneheliches Kind). Ja, die Buben hatten nun alle schöne schwarze Uniformen an, und ich muß sagen, sie sahen drin auch sehr gut aus. Nur wußte damals noch niemand, daß alle auch in diesen Uniformen unter die Erde kommen werden. Als letzter von ihnen fiel der Franz Ottschowsky – irgendwo beim Kaukasus...

Vorher aber hatte er noch die Reßku geheiratet, und ein Kindl kam auch bald. Mit fünfundzwanzig war sie Witwe.

Sie hat dann nicht mehr geheiratet, sondern sich nur noch um den Adolf gekümmert, sie hat alles getan, damit aus dem Buben was wird, und heute kann sie stolz sein: Der Adolf ist Ingenieur und arbeitet im Sägewerk als Abteilungsleiter. Ja, der ist ein Studierter, ein gescheiter und ein guter Bub. Seine Mutter kann mit ihm zufrieden sein.

Wer weiß, wie es gekommen wäre, wenn heute sein Vater noch leben würde (Gott verzeih mir den Gedanken), vielleicht hätte dann die Reßku auch vier Kinder wie die Kathku und der Adolf hätte nicht studieren können. So aber hat sie alles nur für den Buben getan und deshalb ist aus ihm ein Mensch geworden, wie man bei uns sagt.

Ich war acht Jahre alt, als mein Vater starb, und bis dann hatte ich noch nie das Tal, in dem unser Häuschen stand, verlassen; ich wußte natürlich, daß die Siedlung viel größer ist als unser Weiler, und daß es noch viele Häuser entlang des Flusses gibt, nur hatte ich keine Gelegenheit gehabt, das alles zu sehen.

Im Jahr 1930 war dann die Gelegenheit dazu da: Mein Vater starb an einer Blutvergiftung, die er nach einer Verletzung im Holzschlag bekommen hatte; eigentlich weiß ich nicht genau, was für eine Verletzung das war, und ich hab Mutter auch nachher darüber nicht ausgefragt.

Vater war ein fröhlicher Mann, und er war sehr fleißig (das sagte später Mutter immer wieder: Eier Våtr håt nit kinnen ruhig ßitzn, immr håt er missen årbeitn!).

Zu Vaters Begräbnis waren seine Arbeitskollegen und Freunde gekommen, und nachdem sie den Sarg auf einen Wagen geladen hatten, fuhren sie los – zum Friedhof hinunter ins Dorf und dann wieder hinauf auf den Berg.

Ich hab damals sehr viel geweint, und nachher auch. Ich war sehr traurig, denn ich hatte Vater sehr lieb gehabt, und sicher wäre unser Leben anders verlaufen (ich denk dabei besonders an meine Schwester Kathku), wenn er damals nicht hätte sterben müssen. Aber so ist es eben, man kann nicht selbst bestimmen, wann der eine oder der andere Mensch von einem weggehen muß, das bestimmt allein unser Herrgott.

Aus meiner Kindheit ist eigentlich nichts mehr zu berichten, denn das, was mich beeindruckt hat, hab ich schon erzählt. Auch ich ging, wie vorher mein Bruder Emu, Gänse hüten, dann führte ich die Kuh auf die Alm, ich arbeitete im Garten hinter dem Haus, machte das Fressen für Schweine, fütterte die Hühner – ja, alles, was man so zu tun hat in einer Wirtschaft. Ich half eben auch Mutter, wo ich konnte. Die Brüder aber gingen in den Holzschlag arbeiten.

Martha geborene Heckmann hat – nach eigenen Aussagen – bis zu ihrem siebzehnten Lebensjahr »nichts erlebt«. Sie arbeitete in der kleinen Wirtschaft und ging sonntags mit der Mutter und den beiden Schwestern in die deutsche Morgenmesse. Nachher stand man noch ein wenig vor der Kirche Am Platzl, wechselte ein paar Worte mit Nachbarn oder Bekannten und wanderte dann nach Hause. Die einzige Abwechslung im Leben der jungen Mädchen oder Frauen war die Bekanntschaft eines Mannes. Das gab Gesprächsstoff, und eine pricklige Ahnung kam hinzu, daß etwas geschehen könnte.

Mit siebzehn hab ich den Paul Schonschinsky kennengelernt. Er war damals achtzehn, hatte also noch nicht den Militärdienst hinter sich, und das war schlimm, denn diesen Buben hätte ich gern geheiratet, aber er ist dann zu einem ungarischen Grenzregiment gekommen (1940 wurde ja die Maramuresch an Ungarn angeschlossen) und ist bei einem Manöver verunglückt; ganz genau weiß ich nicht, wie das passiert ist, jedenfalls kehrte er nicht wieder zurück.

Mit dem Pali hatte ich auch mein erstes Erlebnis (also, ich mein das so: bis zu ihm hab ich keinen Mann näher gekannt, ich war halt auch ein ruhiges Marl wie meine Schwester Reßku).

Ich erinner mich auch jetzt noch an den Tag im September 1939, als ich mit ihm hinauf auf den Zweiten Berg stieg, es war ein herrliches Wetter, warm wie im Sommer, wir saßen im Gras, am Himmel kreiste ein großer Vogel, und Pali sagte: Ssigst, tes is a teitscher Adler, ter fliegt jetzet nach Polen und fangt tie polakischen Mäuserl.

Pist nit a tu a holpetr Polak? fragte ich ihn.

Da wurde er wild: A Taitscher pin i, rief er, a Taitscher!

Ich mußte lachen, weil ich wußte, daß viele, die sich Zipser nannten, aus Oberschlesien zugewandert waren; das hatte der alte Lyachowitsch, unser Nachbar, einmal gesagt.

Den Pali hab ich sehr gern gehabt, das war, wie man so sagt, meine erste große Liebe, und unsere schönste Zeit war die im September, bevor er zum Militär gehen mußte.

Mutter hatte nichts dagegen, daß wir uns öfters sahen (er arbeitete im Sägewerk und kam immer pünktlich am späten Nachmittag nach Haus, dann wusch er sich, zog sich um, und schon trafen wir uns).

Mein Gott, das war schön, wir waren jung, hatten keine Sorgen, und wenn wir oben auf der Alm im Gras lagen, erzählte er immer, was es noch Neues in der Welt gab. Das, worüber er am liebsten sprach, war der Krieg, den der Hitler führte.

Ich hatte damals schon furchtbare Angst, daß dieser Krieg einmal bis in unser fernes friedliches Tal kommen könnte, doch als ich Pali das sagte, lachte er und meinte: tie Polacken prauchen Schläg, asonst is nix los. Ein anderes Mal sagte er: Weißt', tas Taitsche Reich is am stärkstn in ter Welt!

Ich konnte mir darunter nichts vorstellen, ich hatte ja nicht lesen gelernt und darum auch niemals eine Zeitung in der Hand gehabt. Pali aber war sieben Jahre in der deutschen und dann in der rumänischen Schule gewesen, und er las die deutschen Zeitungen aus Siebenbürgen, die sein Meister und andere Leute aus dem Sägewerk bekamen. So wußte er über viele Dinge Bescheid, von denen ich überhaupt keine Ahnung hatte.

(Nach 1948 hab ich, als alte Frau, einen Alphabetisierungskurs besucht, und seither kann auch ich die Zeitung lesen und Briefe schreiben, wenn es sein muß, aber damals wußte ich von all dem nichts.)

Eigentlich war ich eine noch kleine dumme Gans und hatte mehr Glück als Verstand, denn wenn ich vom Pali ein Kindl bekommen hätte, dann wäre ich mit achtzehn, neunzehn Witfrau gewesen.

Eines Tages brachte Peter (der Kathku ihrer) einen Kollegen mit, der auch im Sägewerk arbeitete, und zwar hatte er die Maschinen instandzuhalten – also eine Art Techniker.

Ssigst, sagte Peter zu ihm, als sie in den Hof traten, då ßein zwei scheene Marln, wås noch ka Månn håbn – tie Reßku und tie Martha. Dabei zeigte er auf uns.

Die Reßku hatte wieder ihr verwaschenes Hauskleid an, ich aber war gerade vom Einkauf zurückgekehrt und sah ordentlich aus, und so gefiel ich ihm besser als meine Schwester.

Wir kamen ins Gespräch, Peter riß seine Witze von den Blümlein, die verwelken, wenn sie nicht ein wenig Wind und Regen bekommen. Ich lachte über alles, was er sagte, und Toni (so hieß nämlich der Mann, den er mitgebracht hatte) lachte auch. Und ich merkte, daß wir uns beide mochten.

Was soll ich noch sagen: diesen Toni Grieger hab ich geheiratet (oder *er* hat *mich* geheiratet, wenn es so richtiger ist). Doch vorher waren wir einige Zeit befreundet, dann verlobt, und erst als alles sicher war, hab ich mit ihm das getan, was ich schon wußte ... – aber nicht oben auf dem Zweiten Berg, wo ich mit dem Pali gewesen war, nein, hin konnte ich nicht mehr gehn, sondern bei Toni zu Haus.

Diesmal blieb ich gleich schwanger, und ich war sehr froh darüber, denn vorher hatte ich manchmal gedacht, daß bei mir nichts ist. Und eine Frau, die keine Kinder kriegt, die brauchen die Männer nicht. (Ich kannte selbst mehrere solche Frauen, die von ihren Männern eben deswegen verlassen worden waren.) Gott sei Dank, mit mir stand es anders. Ich bekam ein Marl und dann noch drei Buben.

Inzwischen mußte auch mein Toni in den Krieg, und alle, die damals mit ihm an die Ostfront geschickt wurden, die Buben von den Familien Sedlak, Olear, Brandis, Dußzek, Zirbus, Atzberger, Bigus, Jobb, Traxler, Eiben, Gotsch, Schkurka, Onofreitschuk, Beschkid, Zawatzky, ich nenn sie so, wie sie in der Gasse wohnten, kamen nicht mehr zurück ...

Mein Toni war auch bis in den Ural marschiert (verfluchte Zeit, wie man bei uns sagt, was hatte er dort zu suchen?). – Im Februar 1943 kam er dann in russische Kriegsgefangenschaft und hat (Gott sei es gedankt!) überlebt. Er ist 1946 nach Hause zurückgekehrt, nachdem er einige tausend Kilometer zu Fuß wandern mußte, immer zu Fuß – aber er hat das durchgehalten.

Im Jahr 1941 kam meine Tochter Heidrun auf die Welt; ein Jahr später, 1942, nachdem man Toni eingezogen hatte, kam der erste Bub; wir tauften ihn auf den Namen Sieghard, dann 1943 (mein Mann war schon in Kriegsgefangenschaft), wurde der Adolf geboren.

Als die Zipser, das heißt alle Deutschen aus den Siedlungen im Tal, am 10. Oktober 1944 auf Befehl der Wehrmacht flüchteten, blieb ich mit meinen Kindern hier (selbstverständlich zusammen mit meinen Schwestern und dem Emu; nur der Feri und die Olga zogen fort, sie kam zurück, aber er starb in Böhmen).

Das war eine schwere Zeit. Ich – mit drei kleinen Kindern und ohne Mann. Zum Glück hat mir meine Mutter viel geholfen, und auch die andern haben sich sehr um uns gekümmert.

Ein Jahr lang, bis die Zipser von der Flucht wieder zurückkehrten, sind wir aus unserem Winkel hier oben im Tal nicht hinaus – weder hinunter ins Dorf noch sonstwo, wir hatten Angst, denn nachdem die russischen Truppen durchgezogen waren, trieb sich hier sehr viel Gesindel herum, und es kamen die furchtbarsten Dinge vor.

Zum erstenmal ging ich im Frühjahr 1946 wieder ins Dorf und tauschte bei einem jüdischen Händler Eier gegen Salz und Wachskerzen ein; es war nicht viel, was er mir für mein Körbchen Hühnereier gab, aber ich war froh, denn das Salz war uns ausgegangen und Kerzen hatten wir auch längst keine mehr, so daß wir am Abend im Dunkeln herumtappten.

Mein jüngster Sohn, Reinhold, kam 1947 auf die Welt, nachdem wir uns vom Krieg schon ein bißchen erholt hatten. Toni arbeitete wieder, und man sah, daß die Zeiten besser wurden ...

Heidrun hat nach dem Abitur eine Fachschule besucht und ist Zahntechnikerin geworden, sie arbeitet in der neuen Poliklinik. 1967 hat sie geheiratet, ihr Mann heißt Hans Günthner und ist Ingenieur. Sie haben auch eine Tochter, Evelyn; so bin ich seit drei Jahren Großmutter.

Die drei Buben haben auch höhere Schulen besucht.

Sieghard arbeitet in Pfefferfeld als Bergbautechniker, auch er ist verheiratet, seine Frau ist Ungarin, leider haben sie keine Kinder (aber vielleicht kommt doch noch etwas).

Adolf hat die Lehrerbildungsanstalt in Temeswar besucht und ist ein Professor geworden. Er unterrichtet an einem Lyzeum in Neustadt Botanik (das ist die Lehre von den Pflanzen, hat er mir einmal erklärt), er ist noch nicht verheiratet.

Und der Kleine, der Reinhold, ist auf dem Lyzeum, er will Elektrotechnik studieren.

Ja, man kann sich staunen, wie wir sagen, aus den Buben ist was geworden. Aber Geld hatten wir keines, um das Studium zu bezahlen, sie haben eben sehr gut gelernt, und da hat man ihnen ein Stipendium gegeben; nur so war das möglich.

Schade, daß meine arme Mutter nicht mehr lebt, sie ist 1959 gestorben, neunundfünfzig Jahre alt. Sie hatte sich verbraucht, sie konnte eines Tages nicht mehr weiter, und da hat sie gesagt: I håb mich aus'kämpft, i pin ab'miedet, und am nächsten Tag war sie tot – Herzversagen.

Mein Mann ist Rentner, wir haben unser Häusl, es geht uns nicht schlecht, nur eines bekümmert mich: ich hab erst ein einziges Enkelkind, die kleine Evelyn. Wann werden die anderen kommen?

Im Sommer sitzen wir abends oft auf der Bank vor dem Haus, und dann denk ich zurück an die Zeit, als Toni im

Krieg war. Damals glaubte ich, wenn der Wind bläst und wenn die Wolken ziehn, dann kommen sie bis zum Ural, wo der Toni ist, dann sieht er diese Wolken, die ich jetzt seh; darüber freute ich mich.

Heute weiß ich, daß es nicht so ist, Adolf hat es mir gesagt: Die Wolken ziehen nicht so weit! Aber damals war ich darüber froh, daß es etwas gab, was von mir hin bis zum Toni führte.

Sehen, was es hinter den Bergen gibt
(Marie Warhanyowsky)

Als sie geboren wurde, Sommer 1932, hatte die Mutter schon drei Mädchen zur Welt gebracht. Der Vater wollte nun gern einen Jungen haben; es kam aber wieder ein Mädchen. Die Großmutter sagte: Wenn der Herrgott es so hat gewollt ... – doch das war für ihn kein richtiger Trost.

Er arbeitete im Holzschlag oben im Wassertal und war nur jede zweite Woche von Samstag abend bis Sonntag nacht zu Hause.

Mutter war gerade beim Kartoffeljäten auf dem Ersten Berg, wo wir ein Stück Feld haben, als die Wehen einsetzten. Sie legte sich ins Gras, jammerte und schrie, niemand hörte sie. Schließlich sagte sie zu meiner großen Schwester – die war schon vier Jahre alt –: Lauf zur Bebu, sie soll schnell herkommen!

Die Annzu rannte zur Nachbarin, die auf einem Feld in der Nähe arbeitete. Sie begriff sofort, was los war, nahm den großen Tonkrug mit der Wasserration für den ganzen Tag mit und eilte zur Mutter.

So wurde Marie Kraftschik oben auf dem Ersten Berg geboren. Die Mutter war vor einigen Tagen einundzwanzig geworden, der Vater war sechsundzwanzig und die Schwestern waren vier, drei und eineinhalb Jahre alt.

Mit sechzehn hatte Ließku Langthaler, die Mutter, den Holzfäller Johannes Kraftschik geheiratet, mit siebzehn bekam sie das erste Kind: keine »Frühgeburt«, sondern – »wie es sich gehört« – nach neun Monaten.

Die anderen Kinder kamen auf die Welt, während Kraftschik im Wald war – im Spätsommer und wochentags. Denn Kinder und Holzpfeiferl, pflegte man früher zu sagen, machen die Zipser im Winter; dann wird kein Holz geschlagen und kein Feld bebaut, man sitzt tagsüber in der warmen Stube, schnitzt allerlei schöne Dinge aus Holz, geht abends in die jüdische Kneipe und umarmt nachts die eigene Frau. Die war aber meist von der Tagesarbeit so müde, daß sie alles über sich ergehen ließ, um nachher in einen tiefen, dumpfen Schlaf zu versinken.

Als ich geboren bin, haben meine Schwestern zugesehen. Die Annzu hat nachher erzählt: Ich hab gesehen, wie du herausgekommen bist, du warst ganz rot und hast wie ein kleines Lampl geschrien.

Großmutter, Maria Theresia Kraftschik, hatte vom Dachboden eine kleine Holzwiege heruntergeholt; darin sollte ich liegen. Bebu, die größte Schwester, hatte schon ein eigenes Bett; die beiden kleineren lagen jeder in ihrem Wiegerl.

Bis zur Taufe schlief ich aber noch bei Mutter im Bett; denn erst nachher durfte das Wiegerl hergerichtet werden. Man fürchtete nämlich, daß ich als ungetauftes Kind nachts von einem Alf gestohlen werden könnte (so etwas kam damals immer wieder vor). Wenn ein Alf ein Zipser Kind aus dem Wiegerl nahm, legte er sein eigenes hinein: das war stark behaart und hatte einen Wasserkopf. Um diesen Tausch rückgängig zu machen, durfte man kein Wort sagen, auch nicht weinen oder irgendwie zeigen, daß man nahe dran ist, die Nerven zu verlieren. Wenn nun auf dem Polster oder auf der Decke ein Alfhaar lag, mußte man es vorsichtig aufheben und auf die heiße Herdplatte werfen. Das allein half: Einige Minuten später erschien dann meistens der Alf, nahm seinen Balg aus dem Wiegerl und legte wieder das gestohlene Zipser Kindl hinein.

Von Mutter hab ich später gehört, was Vater sagte, als er nach zehn Tagen aus dem Holzschlag nach Hause kam. Er trat in die Kuchl, merkte, daß Mutter nicht mehr so rund war und fragte: Ist das Kleine gekommen?

Ja, antwortete Mutter leise, es ist ein Marl. Sie flüsterte, weil ich nebenan in der Stube schlief.

Wieder ein Marl und kein Bub, erwiderte Vater, wusch sich Hände und Gesicht und ging in die Kneipe. Gegen Mitternacht kam er nach Hause und legte sich auf die Ofenbank schlafen. Am Morgen wärmte Mutter wie gewöhnlich einen großen Topf Wasser auf dem Herd und bereitete ihm das Bad im Holzscheppa vor.

Nach dem Bad zog Vater ein sauberes Hemd an und wechselte die Unterwäsche, die er zwei Wochen im Wald nicht ausgezogen hatte. Er schnitt sich die Nägel an Händen und Füßen, rasierte sich, zog die Sonntagshose an, dazu die Lederschuhe und den schwarzen Rock und setzte den neuen grünen Hut auf.

So, fein gekleidet wie ein Sunntagspursch, kam er in die Stube, wo ich, seine vierte Tochter, zehn Tage alt, im Bett lag.

Mutter stand hinter ihm auf der Türschwelle, um zu sehen, was er nun tun wird.

Vater sah mich an und brummte: Ein Marl, das vierte, und ich hab so gewollt einen Bub.

Dann ging er hinaus, ging in die Kneipe und kam erst gegen Abend wieder nach Haus.

Vater war betrunken und schlechter Laune, weil ihn seine Freunde wegen der vierten Tochter verlacht hatten; sie meinten, er sei nicht fähig, einen Jungen in die Welt zu setzen.

Mutter schlief noch nicht, sie lag wach im Bett und wartete auf ihn. Er trat in die Stube, faßte sie an den Haaren und schlug sie auf den Bauch.

Sie machte sich los und lief in die Küche, um dort die Prügel zu kriegen, denn sie wollte nicht, daß wir Kinder geweckt werden.

Vater tobte vor Wut. Einen Bub hab ich gewollt! rief er immer wieder und drosch auf die Frau ein, bis sie am Boden lag und sich nicht mehr rührte. Dann zog er die Sonntagskleider aus und ging in den Stall schlafen, um dort nach Mitternacht von der ersten Morgenfrische geweckt zu werden; denn um zwei Uhr mußte er schon losgehen, um den über dreißig Kilometer langen Weg bis hinauf in den Wald in etwa fünf Stunden zu schaffen.

Als die Kinder erwachten, wußten sie nicht, was geschehen war. Die Mutter wärmte die Milch am Herd, und alles verlief wie an jedem anderen Tag.

Anna ging mit den Gänsen zur Flußau, sie bekam ein Jausenbrot mit. Die beiden anderen Schwestern, Ließku und Jolli, spielten im Hof, und Mutter arbeitete im Gemüsegarten.

Als mein kleiner Bruder, der auch Joku heißt wie mein Vater, geboren wurde, hab ich zugeschaut. Das war auch oben auf dem Ersten Berg, aber ich war damals schon sechs Jahre alt.

Bis dann hatte ich immer gehört, daß die Kinder vom

Storch gebracht werden, und wir hatten auch oft genug gesungen: Storch, Storch, guter, bring mir einen Bruder! Nun sah ich aber mit eigenen Augen, wo die Kinder herauskommen. Ich war furchtbar neugierig, wollte möglichst viel sehen, und obwohl mich die anwesenden Frauen immer wieder wegscheuchten, hab ich alles mitbekommen, und es war ein Erlebnis, das mich nachher sehr beschäftigt hat.

Ich erinnere mich noch, wie Großmutter, nachdem sie den kleinen Joku genau untersucht hatte, ob auch alles an ihm vorhanden und in Ordnung ist, zum Herrgottswinkel ging und dankte.

Dann sagte sie zu Mutter: Ich hab gewußt, daß es ein Bub sein wird. Dreimal hab ich von dir geträumt und nachher von einem Adler. Im dritten Traum hat sich der Adler aufs Radl von unserem Haus gesetzt, und da hab ich gewußt, daß zu uns ein Mann kommen wird. Und nun ist er da! Gelobt sei unser Herrgott!

Aber warum habt Ihr es mir nicht gesagt? fragte Mutter. Ich hätt' mich dann so gefreut, daß er kommen wird.

So etwas darf man vorher nicht sagen, mein Kind, denn dann kann ein Unglück geschehen, erwiderte Großmutter, man darf nie etwas über eine Geburt voraussagen. Erinnerst du dich nicht an unsere Nachbarin, die Hotzberger-Reßku, die vor einem Jahr in die Stadt gezogen ist? Sie hat sich voraussagen lassen, daß ihr Kind ein Mädchen sein wird, und der Herrgott hat sie gestraft: Es ist tot auf die Welt gekommen.

Nach einer Woche war auch Vater wieder zu Haus. Als er in den Hof trat, riefen wir Mädchen wie aus einem Mund: Wir haben einen Bruder! Wir haben einen Bruder!

Vater fragte: Wo ist er?

In der Stuben! In der Stuben!

Mutter gab dem kleinen Joku gerade die Brust, als Vater eintrat. Er sagte kein Wort, kniete vor ihr nieder, sah das Kind an, strich der Mutter über den nackten Arm, erhob sich und ging hinaus.

Wir haben einen schönen Bub, flüsterte noch Mutter mit weinerlicher Stimme.

Ja, erwiderte Vater.

Ohne sich Hände und Gesicht zu waschen, ging er in die Kneipe zum Goldbrunner, wo schon die anderen Waldarbeiter beim Schnaps saßen. Hier wurde das Ereignis so lang begossen, bis die dicke und kräftige Frau Scheila Goldbrunner, die Wirtin, alle Männer einzeln am Boden bis vor die Tür schleifen mußte. Goldbrunner hatte einen Leistenbruch und konnte ihr bei dieser schweren Arbeit nicht helfen, so tat sie das immer allein.

Ich weiß nicht mehr, wann Vater in jener Nacht nach Haus gekommen ist. Wir Kinder schliefen, und am Morgen war er sehr guter Laune. Während Mutter am Herd stand und die Milch wärmte, strich er ihr zärtlich über das Haar. Sie sah ihn an und lächelte dankbar.

Mutter hat dann keine Kinder mehr bekommen, und so blieben wir nur fünf; in anderen Familien gab es auch acht und zehn Kinder, und eine Zipserin im Weiler Fischthal hatte einundzwanzig Kinder auf die Welt gebracht; davon blieben aber nur sechzehn am Leben.

Als ich sieben Jahre alt war, kam ich in die Schule. Mutter hatte mir ein neues Kleid genäht und weiße Maschen gekauft, die in die Zöpfe eingeflochten wurden. Für Lederschuhe hatte das Geld nicht gereicht, und so trug ich, wie die meisten Kinder, hölzerne Topanken; die waren nicht so bequem, man konnte in ihnen schlecht laufen, doch sie hielten warm, weil der Großvater sie mit einem Stückchen Schaffell ausgelegt hatte.

Großvater war damals etwa fünfundvierzig Jahre alt, er hatte einen mächtigen roten Bart, weswegen man ihn auch »ten roden Seppi« nannte; sein richtiger Name war Josef Reichenberg. Er schenkte mir am ersten Schultag eine holzgeschnitzte Puppe; diese Tokn war mein erstes Spielzeug. Ich hab später nie etwas anderes bekommen.

Aus Stoffresten nähte Mutter ein Blusrl, ein Dirndlklaad, und aus einem Stückchen feinem Leder richtige städtische Schuhe, wie sie nur die Frau Oberförster Falger trug.

Die Tokn erhielt den Namen Marischka, und mit ihr spielte ich, bis ich vierzehn war.

Dann lernte Marie einen Mann kennen.

Den Franz Warhanyowsky hab ich an einem Sonntag im Mai zum erstenmal gesehen; das ganze Tal blühte, die

Sonne schien sehr warm, und alle Menschen hatten fröhliche Gesichter.

Ich war mit meiner Freundin Milli in der Kirche gewesen, und als wir durch die Große Gasse gingen, stand an einem Eck der Franz. Er hat etwas gesagt, was wir sehr lustig fanden, denn wir mußten beide lachen. Und wir haben ihm etwas darauf geantwortet, und dann hat auch er sehr gelacht. Das ging so ein paarmal auf die spaßige Art hin und her, und dann fragte er mich: Bist du nicht dem Kraftschik-Joku seine Marie?

Ja, sagte ich und dachte, vielleicht weiß er, daß Vater manchmal Mutter verprügelte. Doch scheinbar wußte er davon nichts, denn er sah mich mit so guten Augen an, daß es mir ganz warm wurde.

Rot wirst auch noch, sagte plötzlich die Milli, die dumme Gans und lachte.

Die Milli war auch vierzehn, aber sie hatte schon seit zwei Jahren mit Jungen zu tun, sie wußte auch, was man machen muß, damit man kein Kind bekommt, aber davon hat sie mir nie etwas Genaues gesagt.

Ich hab dann den Franzi immer nur am Sonntag getroffen, denn während der Woche arbeitete er im Wald und kam nicht nach Haus. Er war damals achtzehn Jahre alt, hoch gewachsen, blond und trug einen kleinen Schnurrbart, wie die meisten jungen Männer.

An einem Sonntag sind wir hinauf auf die Wiesen gegangen und haben uns ins Gras gesetzt. Franzi hat schön auf einem Halm gespielt, ich hab mich auf den Rücken gelegt und in die Wolken geschaut. Dort oben ist der Herrgott, hab ich gedacht, und der sieht jetzt den Franzi und mich, und ich war so froh.

Wir hatten uns vorher schon einige Male abends vor der Straßentür geküßt, und wir küßten uns auch jetzt auf der Wiese ...

Ja, einmal muß es kommen, und ich hab gedacht, wenn es einer tun muß, dann soll es der Franzi sein.

An jenem Abend hab ich die Tokn in den Schrank gelegt, denn ich war eine Frau geworden. Mutter hat es gesehen, gesagt hat sie aber nichts.

Nach einiger Zeit merkte Marie, daß jener Abend auf der Wiese nicht ohne Folgen blieb. Sie war fassungslos und ging zuerst in die Kirche. Dort flehte sie die Muttergottes an, sie möge ihr helfen. Als nach zwei Wochen nichts geschah, ging sie zur Kraßnojarska, einer alten Ruthenin, von der man sagte, sie sei eine Hexe und befasse sich mit allerhand Zauberei.

Die Kraßnojarska gab ihr eine Flüssigkeit zu trinken, die so abscheulich roch, daß Marie sich gleich erbrechen mußte. Nachher leerte sie trotzdem das Kandl mit dem »Zaubertrunk«, aber an ihrem Zustand änderte sich nichts.

Eines Tages stellte die Mutter sie zur Rede. Marie erzählte sofort alles. Die Mutter verabreichte ihr darauf zwei schallende Ohrfeigen, so, erinnerte sich Marie, daß sie dachte, die Augen würden ihr »aus dem Kopf tanzen«.

Dann sagte die Mutter: Wenn dein Vater das merkt, bringt er dich um, und ich kann dir nicht helfen.

Franz ließ sich nicht mehr blicken, er hatte inzwischen auch die Milli Babjartschik näher kennengelernt, und vermutlich ging er nun mit ihr Sonntagabends hinauf auf die Wiesen.

Doch unser Herrgott hat es so gefügt, daß ich ihn eines Tages doch hab begegnet. Und da hab ich ihm alles gesagt. Er hat immer weggeschaut und hat zuerst so getan, als ob ihn das nichts angehen würde. Es kann ja auch ein anderer gewesen sein, hat er gesagt.

Welcher andere, Franzi?! Nur mit dir war ich oben auf den Wiesen!

Das mußte er mir glauben.

Ich nehm dich, hat er dann gesagt, aber die Milli hab ich auch gern.

Nehm mich, hab ich gebettelt, ich kann nicht überleben die Schand.

Gut, Marie, ich nehm dich; darfst aber nicht bös sein, wenn ich auch werd zur Milli gehn.

Da hab ich ja gesagt, weil ich ja nur schnell heiraten wollte.

Es war eine schöne Hochzeit, und ich war auch so froh, denn jetzt hatte ich den Franzi bekommen. Die Milli war selbstverständlich auch eingeladen worden. Und ich glaub, schon damals in der Nacht hat er mich mit ihr betrogen.

Nach sieben Monaten kam unser erstes Kind. Es war ein Junge, und wir tauften ihn nach seinem Vater Franz und nach meinem Großvater Josef; so hieß der Kleine Franz Josef.

Franz war ein guter Mann, fleißig, sparsam, alles Geld brachte er nach Hause, er trank nicht und – wenigstens in den ersten zwei Jahren – er schlug mich auch nicht. Das einzige, was mich störte, war die Milli. Die hatte sich keinen anderen Mann gefunden, und oft ging Franz am Sonntagabend für eine Weile von zu Haus fort, und da wußte ich, daß er sich mit der verfluchten Person traf.

Ich schwieg.

Ich schwieg zwei Jahre lang und fraß den Ärger in mich hinein.

Dann fragte ich ihn eines Abends, als er wieder nach Hause kam und nach russischem Parfüm roch: Was machst du, wenn die Kurwe dir einen Mansr anhängt?

Franz erwiderte nichts. Er hob nur die Hand und schlug mich so zusammen, daß ich nachher zwei Tage im Bett lag und meine Mutter sich um das Kleine kümmern mußte.

Nach dieser ersten Prügel tat Marie etwas, das sie nachher sehr bereut hat, und heute ist sie froh, daß es keine bösen Folgen gab. Sie ging zu einer Frau, Anna Kirchdraufer, die sich mit Verbeten befaßte. Dafür mußte man eine Summe Geld anzahlen. Hatte aber das Verbeten nicht die gewünschte Wirkung, erhielt man einen Teil wieder zurück, im anderen Fall nicht.

Ich hab der Anna-Néni zuerst gesagt, sie soll es so machen, daß die Milli keine Freud mehr hat, wenn sie mit dem Franzi zusammen ist.

Das kann ich nicht verbeten, hat die Anna gemeint, das ist zu einfach; du mußt etwas anderes verlangen, denn sonst kann ich auch kein Geld von dir fordern.

Dann hab ich einfach gesagt: Die Milli soll so krank werden, daß sie es mit Männern nicht mehr machen kann – also eine Krankheit, die ihr die Lust nimmt.

Das ja, hat die Anna gesagt, so eine Krankheit gibt es: Das sind die Frauen, die keinen Mann mehr wollen, weil sie den Geruch nicht vertragen können.

Später hatte Marie Gewissensbisse, denn eigentlich

wünschte sie der gewesenen Freundin, daß auch sie heiraten und Kinder bekommen solle. Doch weder das eine noch das andere ging in Erfüllung. Marie bekam nach drei Wochen etwa den dritten Teil des Geldes von der Kirchdraufer wieder zurück und zog es vor, sich weiter über Franz' Seitensprünge zu grämen.

Als er am Samstag nach der ersten Prügel nach Hause kam, wusch er sich, zog sich um und verschwand, ohne ein Wort. Ich weinte ein wenig, doch dann machte ich mich wieder an die Hausarbeit.

Er kam erst Sonntagmorgen nach Hause und sagte nichts, als er in die Kuchl trat.

Ich sagte auch nichts, und so schwiegen wir beide.

Plötzlich schrie er mich an: Warum sagst nichts?!

Ich antwortete: Weil ich nichts zu sagen hab.

Das brachte ihn so in Wut, daß er mich wieder furchtbar verprügelte.

Ich lag am Boden, das Kleine brüllte, weil es sein Essen bekommen sollte, Franz wusch sich das Gesicht, kämmte sorgfältig das Haar und ging fort.

An jenem Sonntag konnte ich nicht in die Kirche gehn, die Nachbarn bemerkten es, und am nächsten Morgen fragte mich die alte Frau Kreiter, warum ich vom Gottesdienst gefehlt hab.

Ich sagte ihr, daß mir schlecht war.

Wirst dich schon gewöhnen, meinte sie, bist noch jung.

Damals war ich sechzehn.

Als ich siebzehn geworden war, kam mein zweiter Sohn auf die Welt, der Emu – wir tauften ihn nach Franz' Vater Emmerich.

Franz ging immer noch zu der Milli, aber der Herrgott hatte dafür gesorgt, daß sie kein Kind bekam. Darüber war ich sehr froh, und ich betete auch immer, sie soll ihm nicht einen Mansr anhängen.

Alle Leute wußten, daß zwischen den beiden etwas war. Aber ihren Vater kümmerte es wenig, und die Mutter schien auch nicht besser zu sein als die Tochter.

Einmal in der Woche, meist Samstagabend bekam ich meine Prügel. Im Winter prügelte er mich auch an anderen Tagen, aber nur dann, wenn er bei der Milli gewesen war.

Er trank wenig – das Kreuz mußte ich nicht tragen –, und er spielte auch gern mit den Kindern. Eigentlich war alles gut, wenn nicht die verfluchte Milli gewesen wäre und die Prügel. Am meisten litt ich wegen der Milli, an die Prügel hatte ich mich schon gewöhnt, ich nahm sie hin, wie etwas, das zur Ehe gehört. Nachher wusch ich mir die Schrammen mit Spiritus aus und machte mich wieder an die Hausarbeit, während Franz mit den Kindern spazieren ging. Einige Stunden nachdem er mich geprügelt hatte, konnte er auch sehr lieb sein, er umarmte mich dann, und wie selbstverständlich rutschte ich mit ihm aufs Bett.

Ich mußte die beiden Kinder, den Garten und das Feld allein besorgen, Franz arbeitete im Wald.

Ich war schon zwanzig, und Franz war vor kurzem vierundzwanzig geworden, da brachten sie ihn eines Tages auf einem Holzwagerl nach Haus. Ich wusch gerade Wäsche und hatte Lauge gekocht und das große Scheppa in den Hof gestellt. Plötzlich machten zwei Kameraden von Franz das Gassentürchen auf und der eine sagte: Marie, sei stark!

Herrgott, da wußte ich schon, daß etwas ganz Furchtbares geschehen war.

Den Franzi hat es erwischt, sagten sie noch – und mir wurde so schlecht, daß ich umfiel.

Sie legten ihn in die Stube und gingen zurück in den Wald.

Die Frauen haben ihn dann gewaschen, rasiert und gerichtet, denn ich konnte nichts machen, ich war zu schwach.

Zum Begräbnis war auch die Milli gekommen. Sie hat sehr geweint, und ich hab mir gedacht: Wein, verfluchtes Weib, wein, denn einen solchen Mann wie diesen wirst auch du nicht mehr bekommen!

Als man den Sarg mit Franz Warhanyowsky hinunter in die Grube ließ, kam plötzlich ein weißer Vogel aus dem nahen Wald und setzte sich auf einen Baum, der in der Nähe stand: Es war Franz' »Seelenvogel«. (Nach altem Volksglauben verwandelt sich die Seele eines Menschen, der auf eine ungewöhnliche Art ums Leben gekommen ist, in einen weißen Vogel. Dieser »Seelenvogel« wacht dann so lang am Grab, bis die Seele des Toten »ins Jenseits eintreten darf«.)

Alle Leute, die beim Begräbnis waren, haben den »Seelenvogel« gesehen. Fünf Tage hat er dort gesessen und sich nicht von der Stelle gerührt. Inzwischen starb auch die alte Kaschauer-Nantschi, und als man sie begrub, war der Vogel immer noch bei Franz' Grab.

Eines Tages kam dann eine Nachbarin und sagte: Marie, dem Franz sein »Seelenvogel« ist nicht mehr da. Der Herrgott hat ihn zu sich genommen, Amen.

Ich war froh und hab Gott gedankt, daß er Franz alles verziehen hatte, ich mein die Sache mit der Milli und die Prügel.

Marie hat sich später mit den Kindern allein durchgeschlagen, heiraten wollte sie nicht mehr. Die Geschwister haben ihr geholfen, so gut sie eben konnten.

Die beiden Jungen besuchten die Schule und jeder lernte ein Handwerk: Franz Josef wurde Elektriker, Emmerich Maurer. Beide sind inzwischen verheiratet und haben selbst schon große Kinder.

Heute arbeitet Marie als Verkäuferin in einem Lebensmittelladen. Der Beruf macht ihr Spaß, sie kennt viele Leute, ist zu jedem freundlich, weiß über alle Menschen Bescheid, denn die meisten Neuigkeiten werden hier beim Einkauf ausgetauscht.

Eine ernste Verbindung mit einem Mann hat sie nicht mehr gehabt. Manchmal holte sie sich einen Bekannten ins Haus; der blieb eine Nacht, und am Morgen schickte sie ihn weg. Wenn er wiederkommen wollte, überlegte sie es sich sehr gründlich, denn es durfte kein ernstes Verhältnis werden. Eine Nacht ja, mehr nicht, sagte sie.

Vielleicht war unter diesen Männern auch einer, mit dem sie von neuem hätte beginnen können, aber sie fürchtete sich davor, daß wieder eine andere Frau in ihr Leben treten und sich alles wiederholen könnte.

Seit zehn Jahren ist Marie Großmutter, und in fünf Jahren geht sie in Rente.

Zwei Jahre lang hat sie fest gespart und dann einen Fernseher angeschafft; auch einige neue Möbelstücke hat sie gekauft. Nun spart sie für einen Urlaub am Meer. Darüber spricht sie sehr oft, denn sie war noch nie weg aus dem Bergstädtchen.

Aber einmal muß man auch sehen, was es hinter den Bergen gibt . . .

Bisher war sie in ihrem Urlaub immer mit der Gartenarbeit beschäftigt, denn die Wirtschaft durfte nicht vernachlässigt werden. Nun will sie aber einmal zwei Wochen lang nichts tun.

Wie ist das, wenn man zwei Wochen lang auf der faulen Haut liegt, kann man so lange Zeit nichts tun?

In ihrem kleinen Holzhaus ist es gemütlich. Auf dem Fernseher steht ein vergilbtes Foto in einem Samtrahmen, ein Wanderfotograf hat es gemacht: Sie war damals vierzehn und trug ein Dirndlklaad mit weißer Schierzn; neben ihr sieht man den Franz: einen Arm hat er um ihre Schultern gelegt, der andere ist abgeschnitten – er befand sich auf Millis Schultern, und so fehlt auch Milli auf dem Bild.

Es ist an einem hellen Maitag, man erkennt die blühenden Bäume im Hintergrund.

Ich glaub an die gute Waldfee
(Marie Bohnyirsky-Prad)

Ich heiße Marie Bohnyirsky, bin dreiundzwanzig Jahre alt, unverheiratet, hab zwei Kinder, ein Marl und einen Bub, man nennt mich unten im Dorf »tie Hex vum Schlangenperg«; aber es interessiert mich nicht, was die Leute über mich sagen, ich hab mein Häuschen und wohn dort allein mit meinen beiden Kindern.

Ich bin ein uneheliches Kind, a Mansr, meine Mutter hieß Josefine Bohnyirsky und war ein Findelkind, das die Therese Hapka (Witwe des Brigadeleiters Gottfried Hapka aus dem Weiler Großschulligulli im Tal) aufnahm und großzog.

Therese Hapka hatte mit vierzig Jahren den Mann verloren und selbst keine Kinder. Als man eines Tages die kleine Josefine in einem aus Ruten geflochtenen Körbchen in Fetzen eingewickelt bei der Flußbrücke fand, soll sie gesagt haben: Tes Kindl nehm ich zu mir.

Zuerst versuchten die Nachbarn, ihr davon abzuraten, denn man wußte ja nicht, wer die Kleine ausgesetzt hatte. Vielleicht stammte sie von umherziehenden Zigeunern ab; wer weiß, sagten die Leute, was für ein Kuckucksei da ausgekrochen ist. Die Hapka aber blieb bei ihrem Entschluß, und nach siebzehn Jahren sahen alle, daß Josefine Hapka ein wunderschönes Mädchen geworden war.

Das dürfte im Jahr 1940 gewesen sein; da lernte sie einen jungen Förster kennen, der dienstlich für einige Wochen in das damalige Waldkarpatendorf gekommen war. Sie verliebte sich in den Mann, der fuhr aber nach einiger Zeit wieder zurück nach Neustadt, ließ nichts mehr von sich hören und nach neun Monaten bekam Josefine ein Kind: Marie.

Josefine heiratete 1943 den Holzfäller Franz Joseph Bohnyirsky, der die kleine Marie adoptierte und mit dem sie dann noch vier Kinder hatte.

Eines Tages jedoch überkam Bohnyirsky die Wanderlust (er verabschiedete sich von seinen Arbeitskameraden, nicht aber von der Frau und den Kindern), ging aus dem

Holzschlag fort und wurde nie wieder gesehen. Über sein weiteres Schicksal weiß man nichts Genaues. Nach Aussagen des Flößers Alexander Zeppelzauer soll der Bohnyirsky-Franzi nach Amerika ausgewandert sein. Jemand will ihn in Bukarest gesehen haben: ein gewisser Johann Faltitschka, der 1955 in der Hauptstadt war, um einen Verwandten zu besuchen. Bald darauf starb Faltitschka und kann somit nicht befragt werden.

Mein Vater war ein schöner Mann, er war Förster, hatte einen grünen Hut und eine grüne Uniform, auch trug er einen Schnurrbart (das hat mir einmal meine Mutter erzählt). Sie hat dann vom Herrn Pairl, dem Oberförster, auch den genauen Namen meines Vaters erfahren, denn nachdem er weggefahren war, wußte sie nur, daß er Seppi heißt. Sein ganzer Name lautete: Josef Amadeus Fierschnee. Ja, so hat er geheißen: Amadeus – ein sehr merkwürdiger Name, ich hab den nie wieder gehört. Aber es wird wohl noch Leute mit diesem komischen Namen geben, wer weiß?!

Die Nachforschungen ergaben, daß im Jahr 1923 tatsächlich ein Findelkind, das man bei der Wischaubrücke, in der Nähe der Bahnstation ausgesetzt hatte, von der Witwe des Brigadeleiters Gottfried Hapka adoptiert und großgezogen wurde. Dieses Kind, ein Mädchen, erhielt den Namen Josefine, lernte mit siebzehn Jahren den Förster Josef Amadeus Fierschnee kennen, von dem sie geschwängert wurde, bevor er wieder in die Stadt zurückfuhr und sich nicht mehr blicken ließ. 1941 wurde Josefine von einem Mädchen entbunden, dem sie den Namen Marie gab – Marie Hapka. Als sie 1943 im Alter von etwa zwanzig Jahren den Holzfäller Franz Joseph Bohnyirsky heiratete, erhielt das Kind auf Wunsch des Ziehvaters den Familiennamen Bohnyirsky. Josefine bekam dann noch vier Kinder: Veronika (Wroni) 1944, Anna (Annzu) 1945, Leopold (Poldi) 1946, und Therese (Reßku) 1948.

Bohnyirsky, der am linken Bein hinkte – er hatte sich im Holzschlag eine Verletzung geholt – wurde nicht zum Militärdienst eingezogen; und »weil er nit ßo gut laufen hat kennen«*, sagte man später,* »ßein ßie auch nit geflicht'«*.*

Im Sommer 1953 verließ Franz Joseph Bohnyirsky, et-

wa dreißig Jahre alt, seine Familie. Als 1960 Josefine Bohnyirsky im Alter von siebenunddreißig Jahren an einer Grippe starb, war die größte Tochter, Marie, neunzehn, Veronika sechzehn, Anna fünfzehn, Leopold vierzehn, Therese zwölf.

Als meine Mama gestorben ist, sind wir allein geblieben; wir hatten ja niemanden, keine Verwandten, keine Freunde. Ich hab die Wirtschaft geführt, Annzu und Poldi haben das Feld bearbeitet, Krumpirn und Kukuruz angebaut, damit wir was zum Essen haben, Reßku ging mit den beiden Kühen auf die Alm; wir hatten noch zwei Schweine, Hühner, Gänse, einen Hund und eine Katze.

Bis zum Dorf waren fünf Kilometer, im Winter lebten wir völlig abgeschlossen von der Welt. Niemand kam bei unserem Gehöft vorbei, und wir gingen nie hinunter zu den Leuten, die uns ja sowieso nur anfeindeten – denn damals schon hieß es, daß die Wroni, die Annzu und ich Hexen seien. Wir hatten einen schlechten Ruf. Manchmal kam ein Waldheger vorbei oder ein rumänischer Hirte, aber sonst hatten wir überhaupt keinen Kontakt zu den anderen Menschen.

So lebten wir drei Jahre, dann (es war im Sommer, an welchem Tag weiß ich nicht, weil wir ja keinen Kalender hatten), ja dann sagte die Wroni, daß sie mit ihren beiden Schwestern wegziehen will:

Mir gehn weg vun hier, aber nit ins Dorf, mir gehn anderscht wuhin, sagte sie.

Wuhin wollts gehn? fragte ich.

I waaß nit, abr weit weg vun hier, erwiderte die Wroni.

Die anderen beiden sagten nichts, sie packten ein paar Sachen in einen Sack, wir umarmten und küßten uns (ich mußte sehr weinen), aber dann gingen sie den Hohlweg hinunter, und dort, wo der Wald beginnt, verschwanden sie, und ich hab seither nie wieder etwas von meinen drei Schwestern gehört. Möglich, daß sie einer guten Fee begegnet sind, die ihnen geholfen hat, möglich, daß ihnen der Schwarze Hund über den Weg gelaufen ist und sie verdorben sind – wer kann es wissen?

Der Schwarze Hund ist nämlich einer von den vielen Teufeln, die den Menschen auflauern und sie verführen. Oben im Wald, beim Teufelsstein, Chiatra Dracului (wir sagten auch: Tem Tajbu ßajn Staan), haben wir oft gegen Abend, wenn wir um Himbeeren oder Schwammerl waren, den Höllenhund gesehen. Das war ein großes schwarzes Tier, das vor einer Felsspalte saß. Aus seinem Maul züngelten Flammen, aber sonst bewegte es sich nicht. Wir sind natürlich nicht näher gegangen, haben auch nur von weitem einmal kurz hingeschaut, denn wenn du stehnbleibst, dann zieht »er« dich an; der Höllenhund holt dich zu sich und leckt dir mit seiner stinkigen heißen Zunge das Gesicht ab – davon bekommt man einen sehr häßlichen Ausschlag, ja sogar Geschwüre, die man mit verschiedenen Pflanzen heilen kann. Meine Mutter hat gewußt, wann man diese Pflanzen pflücken und trocknen muß und wie man die Tees und Salben macht, ich weiß das nicht mehr.

Mit den Waldmandln haben wir uns immer sehr gut verstanden. Die haben ihre Höhlen oben, am Steinweg (das ist ein schmaler Pfad, der oberhalb der Bergspitze hinüber in die Ukraine führt, ja, dort ist schon die Grenze, und dort liegt ein anderes Land, aber hin kann man nicht gehen, das ist sehr weit); also unterhalb vom Steinweg sind viele kleine Erdlöcher, und dort haben die Waldmandl ihre Schlupfwinkel. Man darf jedoch nicht hingehen und sie stören, denn sonst werden sie sehr böse. Wenn die Schwestern also einem Waldmandl begegnet sind, dann haben sie später sicher Glück gehabt. Was aber aus ihnen geworden ist, weiß ich nicht.

Nach zwei Monaten ist auch der Poldi fortgegangen – so wie sein Vater, ohne ein Wort zu sagen. In der Früh ist er hinauf zum Krumpirnfeld, und zu Mittag, als ich mit der Suppe auf ihn wartete, ist er nicht mehr erschienen. Zuerst hab ich mir dabei nichts gedacht (wird er schon kummen, wann der Hunger ihn plogt), aber dann, als es Abend wurde und ich die Hühner, die Gänse und die beiden Schweine fütterte, wurde mir doch ein bißchen angst, und plötzlich wußte ich: der ist weg, der kommt nie wieder – und so war es auch.

Es ist jetzt schon bald drei Jahre her, und ich leb hier oben allein mit meinen zwei Kindern, dem Joku und der Bebu. Beide sind auf die Welt gekommen, nachdem meine Geschwister mich verlassen haben.

Der Vater vom Joku ist ein Waldheger, den ich ein paar Mal gesehen hab, als ich Schwammerl suchen war. Jedesmal wollte er mich fangen, aber ich bin so flink gelaufen, daß er mit seinen schweren Stiefeln mich nie hat fassen können. Er hat dann immer gerufen: Hej, hej, pleib stehn, ich mach nix! Aber ich ahnte, was die Männer von uns wollen und hab mich nicht mit ihm eingelassen.

Nur einmal dachte ich, ich muß doch genau wissen, was der Mann von mir will, und bin stehen geblieben. Er ist ganz nahe gekommen, hat mich sehr verwundert angeschaut, ich war barfuß, hatte nur ein Kleirl an, das ich mir selbst aus einem alten Tuch genäht hab. Dann hat er mir ganz langsam über mein langes blondes Haar gestreichelt, einmal, zweimal, und hatte so merkwürdige Augen. Mir ist dabei ganz heiß geworden, ich hab gesagt: nein! – aber es hat mir so gut getan, daß jemand mir über das Haar streicht.

Und dann ist es passiert: ich wußte nicht so genau, wie man das macht, aber er hat mir alles gezeigt: so und so kommt es, und ich hatte furchtbare Angst, was nun geschehen wird, aber es hat nur ein bißchen weh getan, es war sehr schön, ich hab mich so gefreut, daß dieser Mann so gut war zu mir, und ich hab mich dann sehr oft noch mit ihm getroffen, er hat manchmal einen halben Tag auf mich gewartet, oben, wo der Waldweg beginnt, ist er gesessen.

Meine Geschwister haben natürlich von nichts gewußt, und als der kleine Joku auf die Welt kam, das war im Winter, hat mir nur eine alte rußnakische Bäuerin, die weit oben mit ihrem Mann in einem Gehöft wohnt, geholfen; sie ist auch gekommen, als ich die Bebu bekam – ein Jahr später.

Die Bebu ist aber nicht vom Waldheger (ich weiß nicht einmal, wie er heißt, er weiß aber auch nicht, wie ich heiß), die ist von einem rumänischen Hirten, der im Sommer darauf mit der Herde hier oben war. Wie der Hirte heißt, weiß ich auch nicht, ich hab ihn auch nicht nach seinem Namen gefragt.

Jener Waldheger, Wenzel Dorenbach, Vater von drei unehelichen Kindern, ist ein Jahr nach der Geburt des Joku (Johann) Bohnyirsky verunglückt, als er auf dem

Anhänger eines Traktors in den Holzschlag fuhr. Seine Frau, Anneliese Botschkorek, behauptete daraufhin, daß »tie Hex vum Schlangenperg« ihm die Sinne verwirrt hätte: darum sei er vom Anhänger gefallen und überfahren worden. Dorenbachs Arbeitskollegen haben jedoch ausgesagt, daß er betrunken gewesen war, als das Unglück passierte. So wurden weitere Untersuchungen seitens der Behörden eingestellt, der Fahrer, Andreas Gottwald, verlor seinen Führerschein und arbeitet seither als Klauswächter oben im Wassertal.

Der rumänische Hirte stammt aus der Gemeinde Unterwischau, im letzten Sommer zog er mit seiner Herde weiter südlich, in die Gegend des Sucharder Gebirges; ob er Familie hat, konnte nicht erfragt werden.

Von der alten Rußnatschka, die mir geholfen hat, meine beiden Kinder auf die Welt zu bringen, hab ich etwas gelernt, was andere Leute nicht können: die Wahrheit aus den Bohnen »sagen«.

Sie hat mir eines Tages einundvierzig schwarze Bohnen gegeben (die halt ich in einem Sackerl unter dem Bettstroh versteckt), und diese Bohnen leg ich, wenn der erste Stern am Himmel aufgeht, in einen Kreis, und dann sag ich einen Spruch: Sorok bobikiw i odyn, skažit prawdu jak odyn – vierzig Bohnen und eine, sagt die Wahrheit wie eine. Dann schließ ich die Augen und seh über die Berge hinweg, ganz weit, und ich seh das, was wird sein. Kommt jemand zu mir und will wissen, was wird noch in seinem Leben sein, muß er warten, bis der erste Stern am Himmel sichtbar wird, dann leg ich die Bohnen aus und sag ihm die Wahrheit ...

Weil ich das kann, heißt es, bin ich eine Hex.

Ich hab keine Schule besucht.

Im Sommer waren wir Kinder in der Wirtschaft beschäftigt, mußten mithelfen, damit wir leben können, damit wir haben was zu essen; und dann im Winter konnten wir nicht in die Schule gehen, weil hier viel Schnee fällt und man nicht so leicht hinunter ins Dorf gehen kann. (Oft ist der Hohlweg ganz zugeschneit, und dann sind wir lange Zeit völlig abgeschlossen und vergessen.)

Auch meine Geschwister waren nicht in der Schule, und es ist auch niemand gekommen und hat gesagt: ihr müßt in die Schule gehn. Aber auch die alte Rußnatschka, die weiter oben wohnt, kann nicht lesen und schreiben. Ich hab einmal eine Zeitung gesehn, und ich kann mir nicht denken, wie das die Menschen machen, daß sie so viele kleine runde Strichlein hintereinander tun und dann daraus etwas verstehn; das muß ganz seltsam sein, wenn jemand aus so einer Sache klug wird. Mir hat niemals jemand etwas geschrieben, ich hätte es ja auch nicht verstehn können.

Ich weiß nicht, ob ich gern lesen und schreiben gelernt hätte, denn ich weiß nicht, ob es gut ist, wenn man das kann – was soll man damit anfangen, Bücher hab ich keine, Zeitung hab ich keine; ich weiß auch nicht, was sonstwo geschieht, und ich will es auch nicht wissen.

Einmal war ich mit der Rußnatschka in Unterwischau (allein wäre ich nie hingegangen, aber zusammen mit der Alten wollte ich dann doch gern sehen, was für Leute dort sind), und da hab ich etwas gesehen, was ich nicht vergessen werd – so seltsam war das. In einer Kiste war ein Bild, und das hat sich immer bewegt, da waren kleine Menschen und die haben sich bewegt, sie haben gesprochen und sind weggegangen und wiedergekommen, nur ihre Sprache konnte ich nicht verstehen. Diese Menschen aber und alles, was man noch sehen konnte, war nicht so farbig wie es sonst ist, es war so mehr grau, würde ich sagen. Solche Kisten haben einige Leute in Unterwischau. Ich weiß nicht, ob das eine Hexerei ist, aber sehr seltsam ist es schon, weil, wenn man irgendwo hingreift, verschwindet alles vom Bild, so, als wäre nichts gewesen. Greift man dann wieder irgendwo hin, kommen die kleinen Leute wieder zurück, sprechen und bewegen sich wie vorher.

Sonst kenn ich nur den Wald, ich weiß sehr viel über die Kräuter, aber meine Mutter wußte da mehr. Ich kenn aber alle Stellen, die man meiden soll: wo sich die Waldmutter, die muma pădurii, aufhält. Kommst du der in die Nähe, verwandelt sie dich in einen Stein oder in einen schwarzen Vogel, einen Raben.

Von mir sagen die Leute unten im Dorf, daß ich die Männer, denen ich nicht aus den Bohnen »sagen« will, in Steine verwandel, aber das ist nicht wahr; die vielen Steine hier um unser Haus stammen aus einer Zeit, als oben im Tal noch richtige Hexen gelebt haben: die Džuma, die Alte, die nur ein Auge mitten in der Stirn hatte und dann die junge Hex, die vorn sehr schön war, aber hinten war ihr Körper offen und voller Wunden und Krätze. Meine Mutter hat mir oft von diesen drei Hexen erzählt, die hier oben in den Bergen gewohnt haben.

Als ich noch ein Marl war, ist mir einmal die Mittagsfrau begegnet. Ich sollte gerade oben Heu machen, und da stand sie vor mir: sie war ganz weiß, wie aus Glas, hatte grüne Augen, die leuchteten wie bei einer Katze im Dunkeln, und sie sagte kein Wort, ich fiel vor Schreck auf die Knie und fing an zu weinen. Als ich nach einiger Zeit aufsah, war sie verschwunden. Mutter sagte nachher, einem Marl tut die nichts zuleid, die hat es nur auf die Schnitter abgesehen. Trotzdem hab ich mich damals sehr erschreckt, und einige Zeit wollte ich nicht mehr hinauf zu den Wiesen gehn.

Den Trikulitsch hab ich oft gesehen, auch vor einigen Tagen, als ich im Wald war und die beiden Kleinen im Haus eingesperrt hatte, ist er mir wieder über den Weg gelaufen. Na, armes Vieh, bist weder Mensch noch Tier, hab ich mir gedacht, hast auch kein leichtes Leben; aber gesprochen hab ich nicht, denn mit dem Trikulitsch darf man kein Wort wechseln. Man soll ihn auch nicht beachten, denn sonst beißt er einen ins Bein und dann wird man selbst ein Trikulitsch.

Weißt du eigentlich, was ein Trikulitsch ist? Das ist ein kleiner schwarzer Hund, aber tatsächlich ist es ein verhexter Mensch, einer, der in einen Hund verwandelt wurde. Nun muß er immer so herumlaufen, bis ihn jemand ärgert, daß er ihn beißen kann: dann ist er nämlich vom Zauber erlöst. Wenn man aber mit einem Stein nach ihm wirft und ihn auf den Kopf trifft, dann muß er sich wieder in den Menschen zurückverwandeln – aber das dauert nur ganz kurze Zeit, und dann ist der Arme wieder ein Hund. Deshalb hab ich auch nie nach dem Trikulitsch mit einem Stein geworfen, obwohl ich sehr gut zielen kann und auch das Tier getroffen hätte; er hat mir leid getan (wer den Trikulitsch aber nicht trifft, den springt er an und beißt ihn ins Bein oder auch in den Arm, deshalb ist es besser, wenn man gar nicht erst versucht, mit Steinen nach ihm zu werfen, man geht weiter, beachtet ihn nicht, bis er wieder in den Wald verschwindet).

Wenn ich manchmal spät am Abend im Bett lieg, neben mir schlafen die beiden Kleinen, draußen zirpen die Grillen, die Nachtvögel rufen, vielleicht schreit auch der Totenvogel oder ein Seelenvogel findet keine Ruh, ja, dann denk ich, es wäre schon gut, wenn neben mir auch ein Mann wäre – nicht einer, der kommt und geht, einer der bleibt!

Eine Frau kann nicht lang allein sein, sie braucht einen Mann neben sich, auch wenn er manchmal trinkt oder sie manchmal schlägt – das gehört zum Leben, das hat auch meine Mutter ertragen müssen, der Bohnyirsky, der ja nicht mein Vater ist, hat sie manchmal schön verprügelt, aber am nächsten Tag war alles wie vorher, sie hat das so ertragen, weil es zum Leben gehörte.

Im letzten Winter war ich sehr allein, da ist viel Schnee gefallen – so viel Schnee, daß auch die Rußnatschka nicht mehr zu mir kommen konnte. Na, ich hatte genug Kartoffeln, Mais für die Hühner, Heu für die beiden Kühe, ich hatte auch genug Holz. Die Kinder sind die ganze Zeit im Haus gewesen, weil es draußen so kalt war. Wasser hab ich am Ofen gewärmt (wir haben ja nur eine Stube, da ist Kuchl und Schlafstube zusammen), ich hab sie gewaschen und sauber gehalten. Es war schön warm, und fünfmal hab ich je eine Henne geschlachtet, damit die Kleinen Hühnerfleisch bekommen.

Es ist ganz gut gegangen, niemand von uns war krank. Aber in der Nacht, wenn der Wind ums Haus pfiff, wenn die Sturmriesen durch die Luft flogen und oben am Waldesrand die Wölfe heulten (den Hund hab ich auch ins Haus genommen, weil der Arme so schrecklich gejammert hat), dann hätte ich gern einen Mann in der Stube gehabt. Es ist schwer, hier einen ganzen Winter allein zu wohnen.

Ich hatte aber keine Angst vor den Wölfen, neben der Tür hatte ich immer eine große Holzfälleraxt stehn – wenn was gekommen wäre, hätte ich zugeschlagen, ich hab auch ein Messer immer am Tisch liegen, mit dem ich die Schweine stech. Also da hätte niemand mir kommen können – kein Wolf nicht und auch sonst keiner auf zwei Beinen.

Nun, es ist ja auch niemand gekommen. Erst gegen das Frühjahr hin, als der Schnee zu schmelzen begann, besuchte mich eines Tages die Rußnatschka und brachte Mehl, Dörrpflaumen, eine Flasche Schnaps und Kuchen für die Kleinen. Ich hab mich so gefreut, als ich sie sah, daß ich beinahe geweint hätte. Dobri den! Dobri den, Iwanka! hab ich immer gerufen, und wir haben uns umarmt wie Geschwister.

Ja, wenn meine beiden Kleinen größer sind, werd auch ich eines Tages wegziehen vom Schlangenberg – weg zu den Menschen, aber nicht hinunter ins Dorf, wo die Leute sagen, ich bin eine Hexe, nein, weit weg, aber wohin, weiß ich noch nicht. Ich weiß ja nicht, wie es hinter den Bergen aussieht. Meine Geschwister könnten mir jetzt sagen, wohin man kommt, wenn man von Unterwischau weitergeht, aber die haben mich sicher schon vergessen. Wer weiß, was aus ihnen geworden ist. Vielleicht sind sie schon längst gestorben, denn unter den Fremden, hat die Rußnatschka gesagt, kann man nicht lang leben, da wird man langsam krank und geht ein.

Ja, eines möcht ich sicher nicht: daß meine Bebu, wenn sie ein großes schönes Marl ist, auch mit einem Waldheger oder einem anderen Mann, der zufällig hier vorbeikommt, ein Kind macht. Das möcht ich bestimmt nicht. Sie soll so leben, wie die anderen Frauen unten im Dorf, sie soll Kinder haben, die in die Schule gehn, sie soll sich nicht schämen müssen, sie soll keine Hex werden, sie soll nie allein sein oben auf einem Berg. Und ich möcht auch so lang leben, bis meine Kinder richtig verheiratet sind, und bis auch sie Kinder haben, das alles möcht ich sehn (nicht wie meine arme Mutter, die so rasch verstorben ist).

Ich glaub nicht an einen Gott, ich weiß nicht, ob ich als kleines Marl mit meiner Mutter einmal in der Kirche war, ich kann mich an so etwas nicht erinnern. Ich glaub aber an die gute Waldfee, die uns beschützt, die hinter den Bäumen steht und uns zusieht, wie wir Malina und Schwammerl suchen; die ist immer da, die hab ich manchmal auch gesehen, an etwas anderes glaub ich nicht, weil ich es nicht gesehn hab. (Die gute Waldfee ist nicht wie ein Mensch, es ist ein helles Licht, ein Leuchten, würde ich sagen, das hinter den Bäumen hervorkommt, wenn die Sonne von oben scheint, das ist die Waldfee – ein warmer heller Schein. Doch darf man nicht hingehen, wo es leuchtet, man muß sich aber verneigen und sich still verhalten, sonst verschwindet das Leuchten und auch die Fee, und dann hat man kein Glück mehr, denn die Fee ist dann böse, weil sie laute und neugierige Menschen nicht leiden kann.)

Fünf Jahre später kam ein Mann, der von hier stammt und seit 1958 in der Bundesrepublik lebt, ins Dorf; Edmund Prad wollte Anverwandte besuchen und in der alten Heimat seinen Urlaub verbringen. (Er ist Fernkraftfahrer bei einer Firma in Köln und verdient schönes Geld.)

Zufällig hörte er auch von der »Hex vum Schlangenperg«, die mit ihren beiden kleinen Kindern oben, unterhalb des Waldes, in einem kleinen Holzhäuschen wohnt.

Eines Tages packte Edmund einige Süßigkeiten für die Kinder ein und stieg auf den Schlangenberg, um die seltsame Frau zu besuchen. Damals war Marie achtundzwanzig, sah aber viel jünger aus.

Edmund verlängerte seinen Aufenthalt im Dorf und besuchte nun (sehr zum Ärger seiner Anverwandten und anderer Einwohner) jeden Tag Marie, gleichzeitig suchte er bei den Behörden um die Heiratsgenehmigung an. Die bekam er schon nach sechs Monaten, so daß er das Jahr darauf im März wieder im Dorf war – das Auto vollbepackt mit Wäsche und Kleidern. Edmund blieb aber nur einige Tage: sie ließen sich trauen, und am nächsten Morgen fuhr er wieder zurück. Im Mai kam er dann noch einmal nach Oberwischau, denn inzwischen hatte sie die Ausreisebewilligung erhalten.

Marie nahm Abschied von den beiden Kindern (sie blieben bei einem alleinstehenden Ehepaar zurück) und fuhr mit Edmund in die weite Welt.

Marie hat jetzt mit Edmund Prad zwei Mädchen, aber sie sorgt auch für Joku und Bebu. Die beiden sind »ganz taitsch« eingekleidet: Jeanshosen, modische Pullis, Adidasschuhe; sie gehen zur Schule, lernen gut, sind fleißig.

Sie sagen, ihre Mama ist in Deutschland eine große Dame geworden. Die aber hat ihnen noch nie eine Zeile geschrieben (weil sie vermutlich das noch nicht gelernt hat); regelmäßig treffen Paketsendungen ein – auf dem Postweg und durch verschiedene Besucher, die hier Ferien machen.

Seit ihrer Ausreise sind neun Jahre vergangen.

In zwei, drei Jahren werden Joku und Bebu sich zum Abitur stellen, sie wollen studieren, was, wissen sie noch nicht.

Ich hab einen festen Freund (Gudrun Sedlak)

Im Sommer 1918 zog der Waldarbeiter Franz Xaver Balthofer aus Kreuzfeld, einer deutschen Gemeinde nördlich der Theiß, nach Oberwischau und wurde im Holzschlag, oben im Wassertal, angestellt, wo damals nur Zipser beschäftigt waren; es wurde ihm auch eine Schlafstelle in einer Kolibn im Weiler Makerlau zugewiesen.

Etwa zur gleichen Zeit ließ sich der Holzfäller Josef Faitschuk aus der Gemeinde Bustenhausen an der Theiß mit Frau und drei Töchtern in Oberwischau nieder und erhielt ebenfalls eine Anstellung im Makerlauer Holzschlag.

Balthofer war damals achtzehn Jahre alt, Faitschuk hatte schon die dreißig überschritten, seine Frau, Maria geborene Gogolyuk, war jedoch viel jünger – sie dürfte mit etwa dreizehn Jahren geheiratet haben. Die älteste Tochter, Annemarie, war zwölf, und die anderen beiden Mädchen, Magdalene und Barbara, waren zehn beziehungsweise neun Jahre alt.

Als der Brigadeleiter Franz Hammerschmidt im Juli 1920 verunglückte, wurde Faitschuk an seine Stelle ernannt. Er hatte zwölf Männer unter sich, die er bei der Arbeit anleiten mußte – alle waren Zipser und hießen: Furthuber, Drimusch, Gotsch, Boschl, Andraschetz, Gablanitsch, Wenzel, Starunsky, Württemberger, Wrabel, Rußbacher und Balthofer.

Eines Tages sagte Faitschuk zu Balthofer, mit dem er sich angefreundet hatte und den er wie einen Sohn behandelte, er solle doch, wenn sie zum Wochenende wieder unten im Dorf sein werden, Sonntag nach der Messe zum Mittagessen kommen, seine Frau könne sehr gut kochen (ruthenische Küche), und außerdem habe er drei Töchter. Das ließ sich Balthofer nicht zweimal sagen.

So geschah es, daß Balthofer sich in die ungewöhnlich hübsche blonde Annemarie (sie war damals etwa dreizehn Jahre) verliebte, und natürlich auch sie in ihn. Nachdem beide »Zug'raste« waren, stand der Verbin-

dung nichts im Wege. Die Faitschuks hatten vom Ärar ein Holzhäuschen bekommen, und da wollte Franz noch eine Stube anbauen, damit sie ihr eigenes Heim hätten.

An ihrem fünfzehnten Geburtstag heiratete Annemarie Faitschuk den Waldarbeiter Franz Xaver Balthofer. Er selbst hatte keine Eltern mehr – der Vater war an einer Verletzung in einem Holzschlag bei Rauhau gestorben, die Mutter hatte die Grippeepidemie im Frühjahr 1914 nicht überlebt.

Franz und Annemarie hatten vier Töchter, die alle sehr hübsch waren. Alle vier heirateten jung, zwischen vierzehn und sechzehn Jahren, so wie es damals Brauch war: Katharina (Kathku) den Forstgehilfen Ignaz Ensensberger, Elisabeth (Bebu) einen Sohn des herrschaftlichen Kutschers Josef Biglbauer, Emmerich, der damals als Tischler beim Holzverarbeitungsbetrieb arbeitete, Josefine (Fini) den Maurermeister Bernhard Gretschuk und die jüngste, Olga (1928 geboren), heiratete mit sechzehn im Frühjahr 1944 den drei Jahre älteren Baldur Sedlak, der bei der Waffen-SS diente und für eine Woche auf Urlaub gekommen war, um – wie der Pfarrer bei der Trauung sagte – »in den heiligen Stand der Ehe zu treten, denn der Führer braucht jetzt jeden Mann an der Front, aber das deutsche Volk braucht Kinder, und das junge Paar wird dem Führer noch viele Kinder schenken ...« Etwa so sprach der Pfarrer, wie sich Annemarie Sedlak auch heute noch erinnern kann, denn diese Worte blieben in ihrem Gedächtnis haften.

Sie »schenkte dem Führer« ein Mädchen, Gudrun, das im Winter 1945 auf die Welt kam, als die meisten Einwohner des Tales geflüchtet waren. Die Faitschuks, obwohl sie sich zu den Deutschen zählten und untereinander Zipserisch sprachen, blieben im Dorf.

Es war eine schwere Geburt; die Hebamme Anna Freißeisen war auch nicht mehr da, und so mußte man aus der rumänischen Gemeinde Unterwischau eine Frau rufen, die dieses Handwerk verstand.

Als Gudrun Sedlak am 8. Februar 1945 das Licht der Welt erblickte, tobte draußen ein Schneesturm (die Rumänin aus Unterwischau mußte eine Nacht bei den Faitschuks bleiben, und erst dann konnte sie der Vater mit dem Schlitten zurück in ihr Dorf bringen). Aber nicht wegen des Wetters waren die Menschen im kleinen Holzhaus in der Wiesengasse so bedrückt: Im Dezember hatten sie die Nachricht erhalten, daß Baldur in Warschau, am 2. Oktober bei der Niederschlagung des polnischen Aufstandes, gefallen war.

Baldurs Großvater mütterlicherseits, Franz Bachnetzky, war übrigens aus Oberschlesien, aus Tichau, südlich von Kattowitz, zugewandert, seine Eltern aber, pflegte er immer zu betonen, stammten aus dem schönen Dörfchen Gottschalkowitz; er war als Bergarbeiter nach Pfefferfeld in die Maramuresch gekommen. Seine Tochter Hedwig (Baldurs Mutter) hatte den Bergmann Gottfried Sedlak geheiratet; Bachnetzkys Söhne – Bernhard, Friedrich, Reinhold und Heinrich – arbeiteten alle im Holzschlag.

Gottfried Sedlak war 1940 an einer Lungenentzündung gestorben, als Baldur fünfzehn Jahre alt war; andere Kinder hatte er nicht. Seine Frau heiratete zwei Jahre später den Dachdecker Anton Erzl, und beide flohen im Oktober 1944 mit den deutschen Truppen – bis nach Schlesien, wo sie von der Roten Armee eingeholt und nach einiger Zeit wieder in ihr Stammesgebiet zurückgeschickt wurden.

Als ich geboren wurde, erzählte später meine Mutter, mußte mein Großvater wegen dem Sturm alle paar Stunden Schnee schippen, weil es uns sonst ganz eingeschneit hätte. In der Nacht kamen die Wölfe bis herunter ins Dorf, sie heulten an den Fenstern der Stuben, wenn irgendwo noch Licht brannte. Die Leute nahmen die Hunde und auch das Geflügel ins Haus, weil draußen nichts mehr sicher war. Manche Bauern wachten beim Vieh im Stall – besonders die, die oben auf den Bergen wohnten. Unser Kuhstall war sehr fest gebaut, den hätten die Wölfe nicht aufbrechen können.

Erst nachdem ich auf die Welt gekommen war, legte meine Mutter Trauerkleider an (vor Weihnachten hatte sie vom Tod meines Vaters erfahren). Bis dahin hätten Trauerkleider Unglück gebracht, denn meine Mutter war ja hochschwanger und ich noch nicht geboren.

Meine Mutter war also noch nicht einmal siebzehn Jahre alt und schon Witwe. Der Krieg hatte ihr nicht nur den

Mann genommen, sondern auch das ganze Leben zerstört – so dachte sie jedenfalls damals.

Als sie mich beim Pfarramt anmelden wollte (das war zwei Monate nach meiner Geburt, weil bis dahin in unserem Dorf kein Seelsorger war), sagte man ihr, daß Gudrun kein christlicher Name sei. Wieso eigentlich? fragte die Mutter, denn mein Vater hatte vorher gesagt: Wenn wir einmal eine Tochter haben, soll sie Gudrun heißen, und unseren ersten Sohn taufen wir Siegfried.

Der katholische Pfarrer meinte, Gudrun sei ein hitleristischer Name und schlug meiner Mutter vor, mich Katharina oder Elisabeth zu taufen. Schließlich einigte man sich auf Katharina Gudrun, ich aber habe diesen ersten Vornamen später, als ich mir einen neuen Personalausweis machen ließ, wieder abgelegt, so daß ich jetzt nur Gudrun Sedlak heiße.

Auch andere Familien hatten Schwierigkeiten, als sie ihren Kindern einen deutschen Vornamen geben wollten. Der Pfarrer lehnte es ab, sie zu taufen: entweder mußten es biblische oder ungarische Namen sein. So wurden wir auch noch von der Kirche unterdrückt ... Die Familie Brunner durfte ihre Tochter nicht Sigrid taufen, und so bekam sie den Namen Erzsébet, die Familie Pittlowitsch wollte den ältesten Sohn Gerhard taufen, er bekam den Namen György, die Familie Griesmüller mußte ihren Sohn anstatt Heinrich Imre (die madjarische Form von Emmerich) taufen. Eine Tante von mir, auch Kriegswitwe, Anna Reißenbichler, wollte ihre 1945 geborene Tochter Brigitte taufen, doch die erhielt den Namen Borbala und so weiter.

Der Oberförster Johannes Holzberger, der schon nach 1940 die Schreibweise seines Namens in Hoczberger János geändert hatte, gab seinem dritten Sohn den Vornamen Csaba – und dafür blieb er bis zu seiner Pensionierung im Amt, während die Deutschen damals (ganz gleich, ob sie Zawatzky oder Hubermüller, Gretschuk oder Schaschallowitsch hießen) aus leitenden Stellen entfernt wurden.

Als ich viereinhalb Jahre alt war, wurde in unserem Dorf wieder ein deutscher Kindergarten eröffnet und bald darauf auch wieder der deutsche Schulunterricht eingeführt, der 1944 – nach drei Jahren ungarischer Besetzung – abgeschafft worden war. Ich konnte also in den deutschen Kindergarten gehen, deutsche Volkslieder und vor allem die deutsche Sprache lernen, denn zu Hause sprachen wir ja nur Zipserisch. Meine Kindergärtnerin hieß Wilhelmine Traxler; sie unterrichtete bis zum Jahr 1954, ab 1955 hatten wir dann drei deutsche Kindergärtnerinnen – Rosalie Beller, Sieglinde Fabritius (aus Siebenbürgen) und Marie Hagel (aus dem Sathmarer Land).

Im Herbst 1952 wurde ich in die erste Klasse eingeschrieben. Schulleiter war damals Leopold Hübel, und die anderen Lehrkräfte, die in den vier deutschen Grundschulklassen unterrichteten, hießen Emma Hübl (aus Sathmar), Hans Schuller (aus Bistritz) und Linda Jobb (aus Oberwischau).

Es war eine schöne Zeit, man durfte wieder deutsch sprechen, deutsche Volkslieder singen, und die Zipser, die als Facharbeiter immer noch gefragt waren, wurden wieder angestellt – im Holzschlag oder im Holzverarbeitungsbetrieb; viele zogen auch in die nächste große Stadt, Sigeth, und arbeiteten dort in den Fabriken.

Als meine Mutter vierundzwanzig war (damals besuchte ich gerade die erste Klasse) kam öfters ein Mann zu uns, der mir Lebkuchen und kleine Geschenke mitbrachte, über die ich mich sehr freute. Ich sagte ihm Seppi-Batschi; seinen vollständigen Namen erfuhr ich später – Josef Beldinger.

Eines Tages spielte ich mit meiner Tokn, die mir Großvater aus Holz geschnitzt hatte, im Hof und hörte, wie Großmutter in der Kuchl sagte: Håst a scheenes Marl, wos willst noch a Månn?

Dann kam Mutter mit verweintem Gesicht aus dem Haus und lief in den Garten.

Seppi-Batschi erschien nun immer seltener, einmal wurde er auch von Großmutter, als meine Mutter noch oben auf dem Feld war, bei der Litzntier ziemlich unfreundlich abgewiesen.

Dieser Seppi-Batschi hätte meine Mutter gern geheiratet, aber ihre Eltern waren dagegen (das hat sie mir später einmal alles erzählt).

Nach einiger Zeit sah ich, daß sonntags nach der Messe

ein anderer Mann meine Mutter immer wieder bis vor das Haus begleitete. Als sie mir eines Tages sagte: Ssog scheen wie tu heißt! gab ich ihm die Hand, knickste, nannte meinen Namen; er stellte sich so vor: Ich pin ter Poldi.

Wir wurden gute Freunde. Auch er war sehr lieb zu mir, und auch an ihm hatte meine Großmutter allerlei auszusetzen: Håt er a G'sicht wie a Fuxn, sagte sie einmal. Aber ich finde, daß Poldi-Batschi ein sehr guter Mensch war, wir beide haben uns jedenfalls ausgezeichnet verstanden.

Diesmal gab meine Mutter nicht so leicht nach: Der Poldi-Batschi kam ins Haus, blieb manchmal auch bis spät am Abend, freilich in Gesellschaft der Großeltern, die ständig gähnten und sich furchtbar langweilten, während meine Mutter mit ihm über verschiedene Dinge sprach, denn er konnte sehr gut erzählen, und so blieb auch ich oft länger auf und hörte zu.

Heute weiß ich, daß meine arme Mutter mit dem Poldi-Batschi sicher gern allein geblieben wäre – ohne die beiden Alten, die immer wieder betonten, wie spät es ist und daß sie furchtbar müde sind, und natürlich auch ohne mich. Aber die Zeiten waren eben so, daß man abends zusammen in der Kuchl saß und nachher alle gleichzeitig zu Bett gingen.

Einmal sollten meine Großeltern auf ein Begräbnis nach Unterwischau fahren, eine entfernte Verwandte war gestorben, und sie sagten die ganze Zeit: O, tie årmi Ilusch, o, tie årmi Ilusch! Dann gingen sie gleich nach dem Mittagessen los.

Kaum waren sie fort (ich spielte gerade im Hof), erschien der Poldi-Batschi. Er hatte mir allerlei Süßigkeiten und einen kleinen Stoffhund mitgebracht.

Spiel tich scheen, mein Goldstickerl, sagte die Mutter, ging mit dem Poldi-Batschi ins Haus und schloß die Tür ab.

Nach einiger Zeit schlich ich mich hinauf zum Ssaal (so heißt der offene Gang an den Zipser Häusern) und lauschte ein bißchen. Von innen hörte man die seltsamsten Geräusche – mal klang es so, als würde man jemanden furchtbar quälen, dann wieder schien es, als würde man sich sehr freuen. Ich hab damals keine Ahnung gehabt, was in der Kuchl geschehen ist. Ich weiß nur, daß nach einiger Zeit beide zu mir in den Hof kamen, und Mutter war fröhlich, und ihr Gesicht strahlte, sie nahm mich in die Arme, herzte und küßte mich, als hätte ich in der Schule eine sehr gute Note bekommen.

Ich war plötzlich auch sehr froh (worüber weiß ich nicht, aber die allgemeine Freude übertrug sich auch auf mich). Freilich, nach einiger Zeit trudelten die Großeltern ein und sagten wieder: O, tie årmi Ilusch! Dann war aber auch die fröhliche Stimmung wieder weg, und Poldi-Batschi verabschiedete sich, und Mutter sah ihm dabei so seltsam in die Augen (diesen Blick kann ich nicht vergessen).

Bald darauf half ich meiner Mutter an einem Nachmittag im Garten, und da fragte sie mich: Sság, Gudu, mechtest nit håbn a Våtr?

Zuerst wußte ich nicht, was sie meint, und dann erklärte sie mir, daß mein Vater schon seit bald zehn Jahren tot ist, und es schön wäre, wenn ich jetzt wieder einen Vater bekäme.

Wann tes ter Poldi-Batschi is, ten mecht ich schon håbn, antwortete ich ihr.

Darüber war Mutter sehr glücklich.

Sie hat dann tatsächlich 1954 den Leopold Rußbacher geheiratet. Ich kann mich noch an alle Einzelheiten erinnern – wie die Hochzeit vorbereitet wurde, an die Gäste und die Blasmusik; es war eine sehr schöne Hochzeit, das erste große Fest nach dem Krieg.

Mein neuer Vater war ein sehr guter Mensch, er hat mich auch sehr lieb gehabt, nie hab ich ein böses Wort von ihm gehört – freilich war er auch sehr viel von zu Hause fort, er arbeitete nämlich oben im Wassertal in einem Holzschlag, auf der Strecke zwischen Feinen und Makerlau. Etwa alle zwei Wochen kam er herunter ins Dorf und brachte etwas mit: entweder eine große Holzkanne mit Malina oder Afine, eine Holztokn, die er für mich geschnitzt hatte, oder irgendeine Kleinigkeit, mit der er uns eine Freude bereitete.

Auch dieses Glück dauerte nicht lange. Nach etwa zwei Jahren – meine Mutter war so gegen dreißig – brachten sie ihn auf einem Pferdewagen nach Haus: ein Baum hatte ihn erschlagen ...

Ich kann hier nicht das Leid meiner armen Mutter beschreiben, weil ich die Worte dazu nicht hab, ich erinner mich aber, wie sie am Sarg meines Vaters immer wieder sagte: Grußer Gott, wås håb ich getan, weil tu mich aso hårt stråfst?!

Dann verging ein Jahr, in dem nichts geschah. Ich war in der Schule, Mutter arbeitete auf dem Feld, die Großeltern führten die Wirtschaft, die Oma kochte, der Opa kümmerte sich um das Vieh.

Eines Tages aber sah ich Mutter in Begleitung eines Mannes kommen (sie war den ganzen Tag oben am Feld gewesen, hatte ein rotes kurzes Kitu an, was die Zipserinnen tragen, wenn sie Krumpirn hacken gehn), und der Mann war sehr hoch, und wie er so neben ihr einherschritt, schien es mir, als ob sie schon seit langer Zeit zusammengehören.

Natürlich fragte ich Mutter, als sie in den Hof trat, wer der Mann war. Sie sah mich scharf an und erwiderte (mit einem Seitenblick auf das Haus, ob nicht vielleicht die Oma sie hören könnte): A Månn, wås sehr a khuder is. Mehr sagte sie nicht.

Später erfuhr ich, wie er hieß: Emmerich Blawtzky, seine Frau war beim Hochwasser im Fluß ertrunken; Kinder hatte er keine.

Ich weiß nicht, ob Mutter diesen Mann heiraten wollte, aber ich bin sicher, daß sie einige Zeit zusammen waren. Meine Großeltern schienen von der Verbindung nichts zu wissen.

Als die Witwe Olga Sedlak 1954 den Leopold Rußbacher heiratete, war sie sechsundzwanzig Jahre alt, ihr erster Mann, Baldur Sedlak, war seit beinahe zehn Jahren tot, und die Tochter Gudrun (Katharina Gudrun), 1945 geboren, ging gerade in die zweite Volksschulklasse. Zwei Jahre später verlor Olga ihren zweiten Mann, der im Loßtener Holzschlag verunglückte. Etwa 1958 lernte sie den Witwer Emmerich Blawtzky kennen; ein Jahr später hatte sie einen anderen Freund, den Sägemeister Wenzel Festh, doch auch diese Verbindung dauerte nicht lang. Dann lernte sie den Waldheger Friedrich Andrijowsky kennen.

Ich erinner mich noch genau, es war am 1. Mai 1959, und in der Großen Gasse hatte man eine kleine Tribüne errichtet; da sollten die Arbeiter aus dem Bergwerk und dem Holzschlag (dort waren beinahe nur Deutsche, das heißt Zipser, beschäftigt) vorbeimarschieren. Auf der Bühne standen die Leute aus der Parteileitung der Stadt.

An diesem Tag kam Mutter mit einem Mann nach Haus, der sehr gut aussah und Friedrich Andrijowsky hieß. Er war Waldheger, und sein Revier reichte von Makerlau bis hinüber nach Pfefferfeld. Fritzi-Batschi, wie ich ihn nannte, trug einen kleinen Schnurrbart, er hatte gelocktes blondes Haar und lachte sehr viel, dabei sah man seine großen weißen Zähne; überhaupt hatte er einen sehr großen Mund. Ich mußte immer an das Märchen vom Rotkäppchen und dem Wolf denken. Das Rotkäppchen fragt die Großmutter, warum sie einen so großen Mund hat, und die antwortet: damit ich dich besser fressen kann.

Ich sagte zu Mutter: Weißt, wårum ter Fritzi-Batschi håt aso a gruße Goschn? Dåmit er tich pessr fressen kann!

Dafür erhielt ich eine Watsche. Ich war damals vierzehn Jahre alt und wußte schon einiges über die Beziehungen zwischen Frauen und Männern. Mutter war einunddreißig, sah aber noch sehr jung aus, sie hatte dunkelblondes Haar, das sie zu einem dicken Zopf flocht, was ihr sehr gut stand. Manchmal sah sie wie ein richtiges Zipser Marl aus, und dann gefiel sie mir besonders gut.

Eines Tages sagte sie mir, sie würde den Fritzi-Batschi gern heiraten, denn er ist fünfunddreißig, seine Frau hat ihn vor fünf Jahren verlassen, nachdem er sie mit einem anderen Mann überrascht hatte.

Håt er ßie nit schlågn? fragte ich. Waaß ich? entgegnete Mutter. Dann, nach einiger Zeit: Weißt', Gudu, mir Frauen kinnen nit lebn ohne a Månn, wann mir ßein noch jung.

Tu pist noch a junge, Mama, sagte ich. Meinst, fragte sie nachdenklich, tåß ter Fritzi is ter richtigi?

Jo, Mama, ich mecht schon glauben, tåß er is ter richtigi fier Eich!

Ob meine Meinung ausschlaggebend war oder nicht, meine Mutter heiratete zum drittenmal – den Friedrich

Andrijowsky, mit dem sie auch heute noch zusammen ist, und ich glaube, die Ehe ist gut.

In diesem Jahr war ich achtzehn; im nächsten Jahr muß ich das Abitur ablegen, und dann werde ich mich zur Aufnahmeprüfung an die Fakultät für Chemie in Klausenburg stellen. Ich muß um jeden Preis ankommen, ich muß studieren und Ingenieur werden. Nach dem Studium will ich heiraten, vorher bestimmt nicht. Ich hab einen festen Freund, der ein Jahr älter ist als ich. Wenn er in diesem Jahr nach dem Abitur an der Hochschule in Klausenburg ankommt (er will Philologie, Deutsch-Englisch, studieren), dann werden wir uns dort wiedersehen und zusammenbleiben. Wenn er das nicht schafft und hier im Dorf bleibt, dann werd ich mir wahrscheinlich einen anderen Freund suchen, einen, den ich vielleicht auch heirat – aber bis dahin möchte ich ihn gut kennenlernen, ich möchte genau wissen, mit wem ich mich einlaß ...

Aus Büchern erfahren
(Elisabeth Himmelbaur)

Man heißt sie »Tem Rachowaner ßeine Ließku«, weil ihr Vater, Josef Reißenbüchler, in den vierziger Jahren aus einer Gemeinde jenseits der Theiß – Rauhau Rachowo – zugewandert ist. Er heiratete die Tochter des Sägemeisters Sawinsky, und das erste Kind, ein Mädchen, bekam den Namen Elisabeth (Ließku).

Ließku wurde 1950 geboren.

Sie besuchte sieben Klassen der Allgemeinschule mit deutscher Unterrichtssprache, ließ sich dann in einer Handwerksgenossenschaft anstellen und lernte Taschnerei.

Die Qualifizierung am Arbeitsplatz erhielt sie nach einer Prüfung, die sie vor einer Kommission der Genossenschaft mit der Einstufung »gut« bestanden hat.

Mit siebzehn lernte sie den Tischler Peter Himmelbaur kennen. Als sie merkte, daß ein Kind von ihm unterwegs war, hielt er bei den Eltern um ihre Hand an.

Der Vater meinte, es sei noch ein bißchen Zeit, denn heute heiraten die Mädchen erst mit zwanzig, wenn sie schon ein wenig Lebenserfahrung haben.

Ließku, du warst ja noch nicht einmal in der Stadt, sagte Vater, und willst schon den Peter heiraten, der erst seit einem Jahr vom Militär frei ist.

Ich bat so lang, erklärte, daß wir uns sehr lieb haben und nicht mehr warten können – bis Vater uns den Segen gab. Dann wurde geheiratet, und heute kann ich sagen, daß es einer der schönsten Tage in meinem Leben war: denn so gut hab ich mich nicht mehr unterhalten.

Nach sieben Monaten und einer Woche kam unser erster Sohn auf die Welt, den wir Edmund tauften; und nach zwei Jahren bekam ich den Horst. So hatten wir nun zwei Jungen, und Peter sagte: Die Zeiten haben sich geändert, zwei Kinder sind genug.

Ich gab ihm recht.

Wir wohnten bei Peters Mutter – sein Vater war gestorben –, und sie sorgte auf die Kinder, während wir beide im Dienst waren. Mit zwei Gehältern konnte man ganz gut leben und auch der alten Mutter helfen, die nach ihrem Mann – er war Holzarbeiter gewesen – eine bescheidene Rente erhielt.

So hätte Ließku eigentlich mit dem Leben zufrieden sein können, denn alles lief nach ihrem Wunsch, wenn Peter nicht eines Tages eine jüngere Frau kennengelernt hätte. Ließku war damals gerade einundzwanzig, und da merkte sie eines Tages, daß Peter fremdging.

Ich hab gefühlt, daß da etwas nicht stimmt: Plötzlich ging er abends aus – zu einem Freund oder einem Kollegen und kam erst spät nach Haus. Manchmal hatte ich Gelegenheit, diesen Freund nach einigen Tagen zu sprechen, und da fragte ich, ob Peter bei ihm gewesen war. Nein, Peter war nicht bei ihm gewesen.

Das brachte mich so in Wut – er hatte nicht einmal versucht, sich ein Alibi zu verschaffen –, daß ich ihm eines Abends nachging. (Ich weiß, daß eine Frau so etwas nicht tun soll, und ich hab es auch niemandem gesagt – außer Peter). Ich konnte ihm unbemerkt folgen, bis er im Haus der Annemarie Dußzek verschwand. Ich wußte, daß die Mutter von diesem Mädchen in der Bäckerei arbeitete und Nachmittagsschicht hatte. Der Vater war im Wald beschäftigt und kam nur am Wochenende nach Haus. So konnten die beiden es ungestört bis gegen elf Uhr abends treiben.

In mir hat es gekocht, gern wäre ich sofort hingegangen, um der Annemarie einen Krach zu machen, doch dann hab ich es mir überlegt. Ich wartete, bis Peter nach Haus kam, stellte ihm das Reindl mit den Bratkartoffeln und die saure Milch auf den Tisch und tat so, als wüßte ich von nichts.

Er aß mit großem Appetit, denn das Frauenzimmer hatte ihn sehr »abgewirtschaftet«, dabei zitterten seine Hände ein wenig.

Du Peter, weißt, wer hier war? fragte ich.

Woher soll ich es wissen?

Die Kreiter-Rózsi war hier und hat erzählt, daß die Annemarie – dem Dußzek-Seppi seine – eine Krankheit hat, die sie im Dispensar behandelt.

Was für eine Krankheit ist das, fragte Peter, und die Kartoffel blieb ihm fast im Hals stecken.

Na, irgend so eine Krankheit, die manche Frauen bekommen, wenn sie es mit mehreren Männern treiben.

Der Peter hat gewürgt und geschluckt, aber essen hat er nicht mehr können.

Einige Zeit ist er abends nicht mehr zur Annemarie gegangen.

Ich hab ihn gefragt: Gehst nicht mehr deine Freunde besuchen?

Nein, hat er gesagt, die haben jetzt viel Arbeit und da will ich nicht stören.

Nach genau einem Monat hat es wieder mit der Annemarie begonnen. Und das war so.

Eines Abends kam er später als sonst nach Haus, stellte sich vor mich und schrie: Warum hast du gelogen?

Was meinst du eigentlich?

Die Annemarie hat gar keine Krankheit gehabt! brüllte er außer sich vor Wut.

Ich schrie zurück: Und was geht dich das an?!

Du bist eine Lügnerin! tobte er. Eine Lügnerin bist!

Ich lachte. Da haute er mir zwei Ohrfeigen herunter, daß mir Hören und Sehen verging.

Ich sagte nichts, ging in die Vorderstube und schloß die Tür hinter mir ab. Ich weinte eine Stunde lang bei meinen Kindern, die am Boden auf dem Kotzenteppich saßen und spielten. Inzwischen aber war er fortgegangen – zur Annemarie; erst gegen elf Uhr kam er nach Haus.

Die Sache mit der Annemarie dauerte etwa zwölf Monate. Dann lernte sie einen anderen Mann kennen und hängte den Peter einfach ab.

Er konnte das nur schwer verkraften. Ich war lieb zu ihm und hoffte, daß wir nun wieder ein normales Eheleben führen werden (denn in der Zeit, als er es mit der Annemarie hatte, war er sehr selten zärtlich zu mir gewesen).

Peter begann aber zu trinken, jeden zweiten Tag kam er angetrunken oder auch richtig besoffen nach Haus. Dann kriegte ich meine Prügel, und wenn er sich ausgetobt hatte, fiel er ins Bett und schnarchte.

Eines Tages nahm ich die beiden Kinder und ging zu meiner Mutter, mit Peter wollte ich nicht mehr zusammenleben.

Als ich ihm klipp und klar sagte, daß ich mich von ihm trennen will, reichte er sofort die Scheidung ein und verklagte mich »wegen Verlassens der Wohnung«. Beim Prozeß wurde jedoch mir recht gegeben, ich behielt die beiden Jungen, und er mußte monatlich Alimente zahlen.

Die Kinder waren nun bei meinen Eltern, und Vater sagte fast jeden Tag: Siehst, du hättest nicht so jung heiraten sollen, jetzt bist eine geschiedene Frau und kein Mann dreht sich mehr nach dir um.

Damals war ich schon zweiundzwanzig, aber ich fühlte, daß das Leben noch vor mir stand: Etwas mußte noch kommen, es konnte nicht alles jetzt schon aus sein.

An einem Sonntag besuchte ich meine Freundin Kathku, und dort lernte ich einen Mann kennen, der mir sofort gefiel. Er hieß Franz Göllnitzer und arbeitete als Elektriker beim Holzverarbeitungskombinat.

Franz war nur ein halbes Jahr älter als ich, und nach sechs Monaten haben wir geheiratet. Vater schüttelte nur den Kopf, er sagte nichts mehr. Mutter weinte, sie war so froh, daß ich wieder einen Mann bekommen hatte.

Ich trat aus der Genossenschaft aus und zog zu Franz nach Pfefferfeld, wo er in einem kleinen Haus mit seiner Mutter wohnte. Das war schon nicht gut, denn die Mutter sagte mir ständig, was ich zu tun hatte, sie kommandierte herum wie ein Feldwebel, und ich mußte parieren. Die Kinder waren bei meinen Eltern geblieben.

Wenn ich Franz bat, er soll doch beim Volksrat um eine Wohnung ansuchen, damit wir endlich allein sein können, meinte er: So gut wie bei der Mutter werden wir es nirgendwo haben. Siehst du nicht, wie sie sich ständig um uns sorgt?

Aber gerade diese ständige Sorge machte mich langsam verrückt. Darum sagte ich eines Tages: Franz, entweder wir ziehen von hier fort oder ich geh zurück zu meinen Eltern und den Kindern.

Geh hin, woher du gekommen bist, antwortete er, kehrte mir den Rücken und redete kein einziges Wort mehr mit mir.

Ich packte meine Sachen zusammen, viel war es nicht, und merkte, wie sich die Alte darüber freute. Als ich beim Abschied grüßte, erwiderte sie meinen Gruß nicht.

Ins Städtchen wollte ich aber doch nicht zurückkehren, denn dort hätte Vater mir wieder Vorwürfe gemacht, und Peter hätte sicher triumphiert. So zählte ich mein Geld – es waren fünfhundert Lei – und entschloß mich, nach Klausenburg zu fahren, wo ich eine entfernte Kusine habe.

Die Bärbl nahm mich auf, sagte aber, daß ich bei ihr nicht länger als etwa eine Woche wohnen kann, weil ihr Mann keine Gäste mag.

Den wahren Grund, weswegen sie mich rasch weghaben wollte, erfuhr ich schon am nächsten Vormittag, als sie einkaufen ging. Ihr Mann – so bei vierzig – machte mir allerlei dumme Komplimente und versuchte schließlich, sich mir zu nähern. Ich stieß ihn zurück, worauf er sagte, ich soll so rasch wie möglich wieder verschwinden.

In Klausenburg fand ich dann eine Anstellung bei einer Familie, wo ich ein Kleinkind zu besorgen hatte. Er war Arzt, sie Beamtin. Ich blieb dort ein ganzes Jahr. Zwischendurch besuchte ich einen Schneiderkurs an der Volksuniversität. Ich dachte, daß es gut ist, wenn man noch ein Handwerk hat.

Nach einem Jahr zog die Familie fort, und ich mußte mir eine andere Anstellung suchen. Ich fand nichts und entschloß mich, zurück in unser Bergstädtchen zu fahren. Meine Kinder hatte ich in dieser Zeit nur einmal gesehen: Zu Ostern war ich für drei Tage zu Besuch gewesen.

Vater fragte gleich nach der Begrüßung: Hast dir auch einen neuen Mann mitgebracht?

Darauf antwortete ich nichts, ich war jetzt schon bald vierundzwanzig, und man sagte mir allerhand nach; ich hätte es in Klausenburg toll getrieben, und dabei war ich nur selten mit einem Mann zusammen gewesen, und auch das geschah schnell in einem Park, und wir mußten ständig aufpassen, daß nicht irgendein Wächter kommt.

Ließku war aus dem Bergstädtchen nur ein Jahr fortgewesen. In dieser Zeit hatte Franz sich scheiden lassen. Als sie nun wieder in das alte Milieu zurückkehrte, merkte sie, wie sehr das eine Jahr sie verändert hatte: Ließku war »eine Städtische« geworden, sie stellte nun andere Ansprüche ans Leben und wollte sich auch nicht mehr von einem Mann demütigen lassen. Es sprach sich rasch herum, daß sie sich »wie eine Dame gibt«: Vormittags saß sie manch-

mal in einem Liegestuhl im Hof ihrer Eltern und las in einem Buch – so etwas hatte die Welt noch nicht gesehen, und die Nachbarn reckten die Hälse und schüttelten die Köpfe.

In Klausenburg hatte Ließku sich nämlich etwa ein Dutzend Bücher gekauft, und im Bergstädtchen sagte man: Die Ließku hat eine ganze Bibliothek mitgebracht, sie ist »eine Studierte« geworden.

Eines Tages aber meinte ihr Vater: Studiert, nichtstudiert – wir sind auch keine Deppen, aber arbeiten muß der Mensch trotzdem.

So versuchte Ließku wieder, eine Stelle in der Taschnerei zu bekommen. Nachdem gerade eine Arbeiterin aus der Genossenschaft ausgeschieden war, nahm sie der Abteilungsleiter auf.

Ließku ging pünktlich in den Dienst, tat gewissenhaft ihre Arbeit, ließ sich jedoch mit den anderen Frauen, die sie ausfragen wollten, in kein Gespräch ein.

Eines Sonntags erschien plötzlich Peter bei ihr zu Hause.

Er hat ausgeschaut wie ein feiner Punkl: Anzug, Krawatte, neue Schuhe, und in der Hand hielt er einen Blumenstrauß.

Ich hab ihn in die Stube gebeten und gefragt, ob er einen Kaffee trinkt.

Kaffee? hat er gefragt, vielleicht kannst du mir ein Schnapserl geben.

Ein Schnapserl hab ich nicht, das bekommst du aber gern in der Kneipe bei der Brücke.

Da wurde er verlegen und bat mich um einen Kaffee.

Er erzählte mir sogleich, daß er ganz allein ist, keine Freundin hat und daß es ihm halt so leid tut um die Kinder: Die wachsen bei den Großeltern auf und nicht bei den *richtigen* Eltern. Meine Eltern sorgten sich um sie wie richtige Eltern, wandte ich ein.

Nun, nicht das meinte er; nach langem Hin und Her rückte er schließlich mit der Sprache heraus: Er wollte sich mit mir versöhnen, wir sollten von vorn beginnen.

Eine ganze Woche lang dachte ich darüber nach, dann besuchte ich ihn eines Abends, als seine Mutter in der Messe war, und da ist es eben passiert – ich hab nachgegeben, ich hab mich nicht lang bitten lassen.

Einen Monat später haben wir wieder geheiratet – aber nur standesamtlich, denn kirchlich und »vor Gott« waren wir ja immer noch getraut.

Irgendwann kam er vor Freunden darauf zu sprechen, daß Ließku seine erste und einzige Frau sei, vor und nach ihr hätte es in seinem Leben keine gegeben, die sich mit ihr messen kann.

Ließku hatte ein bißchen getrunken und konnte es sich nicht verkneifen, hinzuzufügen, daß Peter aber nun ihr dritter Ehemann sei, denn inzwischen war sie noch einmal verheiratet gewesen. Das wollte er nicht begreifen ...

Dann hat er geschrien: Ich bin der erste!

Nein, jetzt bist der dritte! hab ich geantwortet.

Der erste!

Der dritte!

Unsere Freunde versuchten, uns zu beschwichtigen, jemand lachte, doch keiner von uns wollte nachgeben.

Kaum waren die Freunde weg, brüllte er mich wieder an: Das hättest nicht sagen dürfen, verfluchte Hur!

Da haute ich ihm eine herunter, die sich gewaschen hatte.

Zuerst war er so erstaunt, daß er mich wie ein Weltwunder anstarrte, denn von einer Frau, die den Mann ohrfeigt, hatte er sicher noch nicht gehört.

Dann aber faßte er sich rasch und wollte mich durchprügeln. Ich sprang in die Kuchl, nahm das Pfandl von der Wand und drosch auf ihn ein, daß es rauchte und krachte. Ein Glück, daß meine Eltern nicht zu Hause waren und daß ich die Kinder zur Großmutter geführt hatte, sonst hätte es noch mehr Streit gegeben.

Als Peter bewußtlos auf dem Fußboden lag, eilte Ließku zu einer Nachbarin, die ein Telefon hat, und rief den Rettungsdienst an. Peter kam ins Spital, wo er eine Woche wegen Platzwunden am Kopf und anderen Verletzungen behandelt werden mußte.

In dieser Zeit besuchte ihn Ließku jeden Tag, sie brachte ihm Brathühnchen mit Knoblauchtunke, die er so gern aß.

Seither geht die Ehe gut. Ließku hat sich Respekt verschafft, ihr Mann hat alle Achtung vor ihr. Sie ist auch sehr fleißig: nach dem Dienst verrichtet sie noch die ganze Hausarbeit.

Wenn es – selten genug – einen kleinen Meinungsstreit gibt, so wird er nur mündlich ausgetragen. Oft gibt Peter des Hausfriedens wegen nach.

Im Bergstädtchen sagt man von Ließku, sie hätte aus den Büchern erfahren, wie man einen Mann behandeln muß, damit er die Frau achtet. In ihrer »Bibliothek« stehen ein Bildband über den Klausenburger Botanischen Garten, drei Unterhaltungsromane, zwei Märchenbücher, sechs Bändchen aus der Kleinen Schulbücherei und eine schön illustrierte Anthologie mit humoristischen Gedichten. Möglich, daß diese Lektüre sie so selbstsicher gemacht hat.

U d S S R
siehe Nebenkarte
Marmatien
Budapest
Cluj
(Klausenburg)
Ungarn
Ostkarpaten
Siebenbürgen
Timişoara
(Temeschburg)
Sibiu
(Hermannstadt)
Braşov
(Kronstadt)
Banat
Südkarpaten
Rumänien
Belgrad
Bukarest
Jugoslawien
Donau
Bulgarien
Schwarzes Meer
0 50 100 km
Sofia
N

Theiß (Tisa)
Sigeth
(Sighetul Marmaţiei)
Wischau
Vadụ Izei
Bistra
Poienile
de Sub-Munte
Giuleşti
Bîrsana
Rußkowa
(Ruscova)
Wassertal
Leordinen
(Leordina)
Wasser (Vaserul)
Ocna Şugatag
Unterwischau
(Vişeu de Jos)
Oberwischau
(Vişeu de Sus)
Pfefferfeld
(Baia-Borşa)
(Vişeu)
Dragomireşti
Borşa
Săcel
0 10 20 km
N

Glossar

Das folgende Glossar erklärt die sprachliche Zuordnung und deutsche Bedeutung der wichtigsten im Text vorkommenden Ausdrükke, außerdem gibt es geographische Erläuterungen. Dabei bedeutet »rum.« = rumänisch, »slow.« = slowakisch, »ukrain.« = ukrainisch, »zipser.« = zipserisch und »ungar.« = ungarisch. Bei Ausdrücken, die aus einer anderen Sprache in den Zipser Sprachgebrauch übergegangen sind, findet sich in Klammern als erstes die Herkunftssprache, zum Beispiel »slow./zipser.«.

Afine (rum.)	schwarze Heidelbeeren
Annzu (zipser.)	Verkleinerungsform von Anna
Balmenthal	Lunca Balmos, Weiler bei Oberwischau (siehe dort)
Bebu (zipser.)	Kurzform von Elisabeth
Betjchar (slow./zipser.)	gemeiner Kerl, Schurke
Bistritz	Bistrița, Stadt in Nordsiebenbürgen
Blusrl (zipser.)	gestickte Bluse der Zipser Frauen- und Mädchentracht
Botschkor (zipser.)	Holzschuhe
Brinsn (rum.)	Schafskäse
Dirndlklaad (zipser.)	Dirndlkleid
Dispensar (rum.)	Poliklinik
Dobri den (ukrain.)	Guten Tag
Dolfi, Dolfu (zipser.)	Verkleinerungs- und Kurzform von Adolf
Emu (zipser.)	Kurzform von Emmerich
Erster Berg	Poduri, Bergplateau und Siedlung bei Oberwischau (siehe dort)
Feinen	Făina, Weiler im Wassertal (siehe dort)
Feri (zipser.)	Verkleinerungsform von Ferdinand
Fini (zipser.)	Verkleinerungsform von Josefine
fingernåcket (zipser.)	splitternackt
Fischthal	Valea Peştii, Weiler bei Oberwischau (siehe dort)
Fisolen (zipser.)	grüne Bohnen
Franzku (zipser.)	Koseform von Franz
Fuxn (zipser.)	humorvolle Bezeichnung für die Bergbewohner

Gjulku (zipser.)	Kurzform von Julius
Goldstickerl (zipser.)	Kosename für kleine Kinder
Goschn (zipser.)	Maul, Mundwerk
Großschulligulli	Şuligul Mare, Weiler im Wassertal (siehe dort)
Haapttichl (zipser.)	Kopftuch
Halupzi (zipser.)	Krautwickel (Hackfleisch in Krautblätter eingerollt)
Haluschk(e)n (zipser.)	Knödel
Hetschenpetsch (zipser.)	Hagebutten
Holzscheppa (zipser.)	Holzschaff, Bottich, Zuber
Holztokn siehe Tokn	
Ilusch (zipser.)	Kurzform von Helene
Janke (zipser.)	Jacke, Joppe
Joku (zipser.)	Kurzform von Johann
Jolli (zipser.)	Verkleinerungsform von Jolanda
Joodt	Ieud, Dorf in der Maramuresch (siehe dort)
Kandl (zipser.)	Kännchen
Kathku (zipser.)	Kurzform von Katharina
Keinmann (zipser.)	Junge, der noch »kein Mann« ist und daher die Baracken der Holzfäller sauberhalten muß
Keinmannitza (zipser.)	Reinmachefrau, Putzfrau in den Holzfällerbaracken
Kerwei (zipser.)	Kirchweih, jährliches Erinnerungsfest an die Kircheinweihung
(a) Khuder (zipser.)	(ein) Guter
Kitu (zipser.)	Frauenrock, Kleid
Klaka (slow./zipser.)	freiwillige Arbeitsleistung im Rahmen nachbarschaftlicher Hilfe
Klausenburg	Cluj-Napoca, Stadt in Siebenbürgen
Klauswächter (zipser.)	Wächter eines Staudamms
Kleinkomann	Comana de Sus, Weiler im Wassertal (siehe dort)
Kleirl (zipser.)	Kleid
Knepp (zipser.)	Knöpfe an einem Kleidungsstück

Kolibn (slow., rum./zipser.)	Holzhütte
Kotznteppich (zipser.)	Teppich aus Stoffresten
Krepierl (zipser.)	schmächtige, unterentwickelte Person
Krumpirn (zipser.)	Kartoffeln
Kukuruz (zipser.)	Mais
Kurwc (slow./zipser.)	Hure, Dirne
Kuchl (zipser.)	Küche
Kwaßnitz	Cvastniţa, Weiler bei Reußenau (siehe dort)
Lampl (zipser.)	Lämmchen
Leckwarkuchen (zipser.)	Marmeladekuchen, Kuchen mit Marmeladefüllung
Lenku (zipser.)	Kurzform von Helene
Leordinen	Leordina, Dorf in der Maramuresch (siehe dort)
Lisi (zipser.)	Verkleinerungsform von Elisabeth
Ließku (zipser.)	Kurzform von Elisabeth
Litzn (slow./zipser.)	Gasse, Straße
Loßten	Lăstun, Weiler im Wassertal
Magdusch (ungar./zipser.)	Kurzform von Magdalena
Makerlau	Macărlău, Weiler im Wassertal (siehe dort)
Malina (slow./zipser.)	Himbeeren
Mansr (zipser.)	uneheliches Kind
Maramuresch	Maramureş, Gebiet in Nordrumänien
Mariannku (zipser.)	Mariannchen, Koseform von Marianne
Marisch (ungar./zipser.)	Maria
Marischka (ungar.)	Verkleinerungsform von Marisch (siehe dort)
Mierasch	Miraş, Weiler im Wassertal (siehe dort)
Milka (zipser.)	Kurzform von Emilie
Milli (zipser.)	Verkleinerungsform von Milka (siehe dort)
Nantschi (zipser.)	Verkleinerungsform von Anna
Nazi (zipser.)	Verkleinerungsform von Ignaz
Néni (ungar./zipser.)	Tante; Anredeform für ältere Frauen
Neustadt	Baia Mare, Stadt in der Maramuresch (siehe dort)
Neuwetz	Novăţ, Weiler im Wassertal (siehe dort)

Oberrohnen	Rona de Sus, Dorf in der Maramuresch (siehe dort)
Oberwischau	Vişeu de Sus, ehemaliges Bergdorf, heute Stadt in der Maramuresch (siehe dort)
Olgu (zipser.)	Olga
Olli (zipser.)	Verkleinerungsform von Olga
Petura (zipser.)	Maisgericht
Pfandl (zipser.)	Pfännchen
Pfefferfeld	Baia Borşa, Gemeinde in der Maramuresch (siehe dort)
Pinkl, feiner (zipser.)	städtisch gekleideter Mann; sonst: Säckchen
plogen, ßich (zipser.)	sich abmühen, plagen
Poldi (zipser.)	Kurzform von Leopold
pracke(r)ln (zipser.)	reinigen der Wäsche durch Klopfen unter fließendem Wasser
Prinsn (rum./zipser.)	Schafkäse (siehe Brinsn)
Prinsntokan (zipser.)	Maisbrei mit Schafkäse, ein Gericht
Puckl (zipser.)	Rücken
Putzanosn (zipser.)	Rotzjunge
Radl	Vordach am Zipser Wohnhaus
Reßku (zipser.)	Kurzform von Therese
Reußenau	Poienile de sub Munte, Gemeinde in der Maramuresch (siehe dort)
Rozsi	ungar. Form von Rosalia
Rußkowa	Ruscova, Gemeinde in der Maramuresch (siehe dort)
Rußnake (zipser.)	Ruthene, das heißt Ukrainer
Rußnakin, Rußnatschka (zipser.)	Ruthenin, das heißt Ukrainerin
rußnakisch (zipser.)	ruthenisch, ukrainisch
Sachsenthal	Valea Sasului, Weiler bei Oberwischau (siehe dort)
Sathmar	Satu Mare, Stadt in Nordwestrumänien
Sathmarer Land	Gegend um Sathmar (siehe dort)
schiech (zipser.)	häßlich
Schlangenperg, Schlangenberg	Berg und Siedlung bei Oberwischau (siehe dort)
Schopfen (zipser.)	Schuppen
schreiben, sich	den vollständigen Namen nennen
Schwammerl (zipser.)	Pilze

Seppi (zipser.)	Verkleinerungsform von Josef
Sigeth	Sighetul Marmației, Stadt in der Maramuresch (siehe dort)
Sucharder Gebirge	Munții Suhard
Sunntågshemmed (zipser.)	festliches Sonntagshemd
Taitsche (zipser.)	Deutsche; gemeint sind jedoch die Nachkommen der zu Beginn des 19. Jhs. hier angesiedelten Oberösterreicher
Tata (zipser.)	Vater
Temeswar	Timişoara, Stadt im Banat
Theiß	Tisa, Fluß in Nordrumänien
Theißtal	Valea Tisei, Tal in der Maramuresch (siehe dort)
Tintschi (zipser.)	Kurzform von Christine
Tokan(e) (rum./zipser.)	Maisgericht (siehe Prinsntokan)
Tokn (zipser.)	Puppe
Toni (zipser.)	Verkleinerungsform von Anton
Tonku (zipser.)	Kurzform von Anton
Topanken, hölzerne (zipser.)	Holzschuhe, die innen mit Fell gefüttert sind
Traudi (zipser.)	Verkleinerungsform von Waltraut
Tschetina (rum./zipser.)	Tannenzweige
Tschopport (ungar./zipser.)	Gruppe von Menschen
Unterwischau	Vişeu de Jos, Gemeinde bei Oberwischau (siehe dort)
Wandervogl (zipser.)	Männer, die hinter den Frauen her sind; Schürzenjäger
Wandrechen (zipser.)	offenes, buntbemaltes Wandregal für Teller und Tassen
Wassertal	Valea Vasărului, Tal in der Maramuresch (siehe dort)
Wischau	Vişeu, Fluß in der Maramuresch (siehe dort)
Wroni (zipser.)	Verkleinerungsform von Veronika
Zipser	rum. țipțeri, deutschsprachige Bergbevölkerung im Osten der Maramuresch (siehe dort), deren Vorfahren ab 1776 aus der ehemaligen Zips (Slowakei) einwanderten

Zipserreih', die Zipser Reihe	Siedlung in Oberwischau (siehe dort)
Zisku (zipser.)	Kurzform von Franziska
Zuckerkokoschn (zipser.)	Zuckerhähne, eine Art Bonbons
Zuzlflaschn (zipser.)	Milchflasche für Säuglinge
Zweiter Berg	Poduri, Bergplateau und Siedlung bei Oberwischau (siehe dort)
Zwieblprerl (zipser.)	Zwiebelbrettchen; Brettchen zum Schneiden von Zwiebeln
Zug'raste (zipser.)	abwertend für Zugewanderte

Frauen der Welt im dtv

Frauen in Afrika
Erzählungen
Herausgegeben von
Irmgard Ackermann
dtv 10777

Frauen in der arabischen Welt
Erzählungen
Hrsg. v. Suleman Taufiq
dtv 10934

Frauen in China
Erzählungen
Hrsg. v. Helmut Hetzel
dtv 10532

Frauen in der DDR
20 Erzählungen
Hrsg. v. Lutz W. Wolff
dtv 1174

Frauen in Frankreich
Erzählungen und Berichte
Herausgegeben von
Christiane Filius-Jehne
dtv 11128

Frauen in Indien
Erzählungen
Herausgegeben von
Anna Winterberg
dtv 10862

Frauen in Irland
Erzählungen
Hrsg. v. Viola Eigenberz und Gabriele Haefs
dtv 11222 (Juni 1990)

Frauen in Italien
Erzählungen
Herausgegeben von
Barbara Bronnen
dtv 11210 (Mai 1990)

Frauen in Japan
Erzählungen
Hrsg. von Barbara Yoshida-Krafft
dtv 11039

Frauen in Lateinamerika 1
Erzählungen
Herausgegeben von
Marco Alcantara und Barbara Kinter
dtv 10084

Frauen in Lateinamerika 2
Erzählungen und Berichte
Herausgegeben von
Marco Alcantara
dtv 10522

Frauen in New York
Erzählungen und Gedichte
Herausgegeben von
Margit Ketterle
dtv 11190

Frauen in Persien
Erzählungen
Herausgegeben von
Touradji Rahnema
dtv 10543

Frauen in der Sowjetunion
Erzählungen und Gedichte
Herausgegeben von
Andrea Wörle
dtv 10790

Frauen in Spanien
Erzählungen
Herausgegeben von
Marco Alcantara
dtv 11094

Frauen in Thailand
Erzählungen
Herausgegeben von
Hella Kothmann
dtv 11106

Frauen in der Türkei
Erzählungen
Herausgegeben von
Hanne Egghardt und Ümit Güney
dtv 10856